JN101318

岡野重和

ぶらっと海外
ふたり旅

東京図書出版

『ぶらっと海外ふたり旅』を出版して

新型コロナウイルスの世界的蔓延で鎖国状態になろうとしている頃、ようやく原稿完成の目途がついた。多くの海外滞在者、旅行者は未曾有の災難を蒙った。国内でも感染者が絶えない。10年ほど前に体験した私達夫婦の海外旅行は、こんな事態は想像すらできなかった。この騒動を契機に海外旅行はあきらめるしかない。

只、旅のメモリーは反芻するほど当時の記録が蘇るものである。書き下ろしと校正を続けながら、改めてバーチャルリアリティ、つまり頭脳で旅を再現することができた。そしてシニアの方が老後の海外旅行計画の知恵として参考になればと思い出版を試みた。

近年、旅行はもっぱらネット手配が常套手段となった。国内旅行や海外旅行で宿泊も飛行機予約も自宅のパソコンにすっかりシフトしている。国内旅行の宿泊予約ではネット手配業者が数社あり、グレード、価格等自己の好みにあったホテルから選べる時代である。

2005年に『二人催行旅日記』を出版、海外旅行先での自由行動を主に紹介した。今回も続編として妻と訪れた海外での記録である。JMB（JALマイレージバンク）の会員となり、すべてネット手配の旅計画で個人旅行に類する。

これまで手配そのものの大きなトラブルは皆無。現地での行動や感動、外国人とのふれあい、新しい発見、ハプニングなど様々であった。期待感と緊張感のなかで目先の課題を解決しながらのぶっつけ本番、これも旅の醍醐味と納得する。

本誌は《ニューカレドニア》・《グアム》・《ニューヨーク》・《パリ》を訪れた時の経過を記述した。特にネットでの手配や入国、出国時の手順など、一般の紀行文にはない部分にもふれ、見学地の紹介は《グーグル》・《ヤフー》などインターネット検索による旅行資料や一般投稿文などを参考にした。

出版される頃、コロナウイルスが収束しているだろうか。いまも日本をはじめ諸外国では蔓延が絶えない。こんな時勢だからこそ、せめて拙文に目をとおしていただき、一時でも旅気分になって欲しいと思う。シニアの皆様がプライベートな海外旅行を安心して楽しめる時が来る事を期待したい。

（令和二年十月）

ぶらっと海外ふたり旅◇目次

地下鉄で巡るパリの街……144

天国に一番近い島ニューカレドニア

一、天国に一番近い島

◆ニューカレドニアって何処？

２００９年1月末、1年ぶりに赤道を南下して暑い国を訪れることにした。わずかの日数であるが、この時期が仕事上オフ状態となるので旅行の好機となる。前の年は同時期にバリ島を訪れた。日本の冬を離れて、一時でも夏を味わうことが、長い人生のなかでの清涼剤のようなものと考えている。動物は同じ環境が続くとストレスがたまるというもの、人も過敏であり、長い人生には時折気分転換が必要。人によってそれらの解消方法は違うが、趣味やおしゃべりで知らず知らずのうちに解消している。

趣味の旅行も長期間の旅行はなじまない。ちょっとだけ国外へ出たことで、満足してしまう。このような価値観からもっとゆっくりとを望む妻とは意見がいつも異なる。それと多人数のツアーも好まない。時間が束縛されるのが大嫌いである。そんなわけで定年退職後の二人催行が私達の旅行にあっている。いまは割と二人催行が一般化しており、旅行中のプライバシーがある程度守られているので、新婚旅行や家族旅行でこの方式が多く採られるようになった。

目的地の選定は、まだ訪れたことのなく、時差の影響が少ない南国を行き先とすれば、もう選択肢は限られてしまった。一都市滞在も条件。体験済みのオーストラリアやニュージーランドも対象外とすれば、どこがあるのか。あまり耳にしたことがなかったニューカレドニアという国が浮かんだ。

ニューカレドニアのことを誰に聞いても、

「どこですか?」「聞いたことはない」の答えが返る。

「オーストラリアの東の方向にある島国」というと世界地図を広げて確認する人もいた。海外旅行としてはあまりポピュラーではないようだ。私もそう思っていた。それで文献をしらべてみた。

ニューカレドニアを最初に日本に紹介したのは、森村桂という作家。彼女が『天国にいちばん近い島』を書くまではニューカレドニアはニッケル鉱の産地として一部の人に知られるに過ぎなかった。

以前は日本からの飛行機の便もなく、およそ観光とは無縁の国だったようだ。ところがいまでは美しい海を求め、年間何万人もの日本人が訪れる場所となった。『美しい海と島に特有の自然、そして旅をするのに一番大切な、人の優しさと安全がある。天国に一番近い島、明るい日差しを浴びているだけで、満ち足りた思いにさせてくれる……』というのがキャッチフレーズ。

ニューカレドニアのヌメアへは関西国際空港から直行便でエアカラン航空会社の飛行機で凡そ9時間の飛行距離。はるか赤道を越えて日本の南南東約7000キロメートル、シドニーの北東約1970キロメートルの位置にある。地理的には細長いフランスパンのような本島のグランドテール島、南洋杉が茂るイル・デ・パン、そして、ウベア島、リフー島、マレ島などの小島からなるロイヤリティ諸島の、三つの島に分けられる。

最大面積のグランドテール島は南太平洋ではニューギニア、ニュージーランドに次いで三番目に大きい。

最初にここを『ニューカレドニア』と命名したのは、1774年ヨーロッパのクック船長だ。1885年にフランスとイギリスの間で繰り広げられた植民地争奪戦争の結果、ニューカレドニアはナポレオン三世の手に落ちた。それ以降、ニューカレドニアの歴史には、常にフランスの三色旗がはためくことになる。そのせいか、グランドテール島にある首都ヌメアや、旅行者のメッカ、アンスバタには、どこか本国のパリやコートダジュールの面影が漂う。

ニューカレドニアはメラネシア文化圏に属している。「メラネシア」とは、もともとギリシア語で「黒い島々」という意味。島が黒いのではなく、ここに暮らす人々の肌の色にちなんで表現されたものだ。メラネシアの人々は、一見すると大柄で強面なイメージだが、実際に接してみると明るくて親切で、温かく旅人を迎えてくれる楽園の住人である。

そして、ニューカレドニアの魅力は？　と問われたら、やはり海。白いパウダーサンドのビーチからエメラルドグリーンの海へ。そしてリーフに近づくと、海の色はブルーへと変わっていく。決して人の手ではつくることができない天然のグラデーションは美しい。

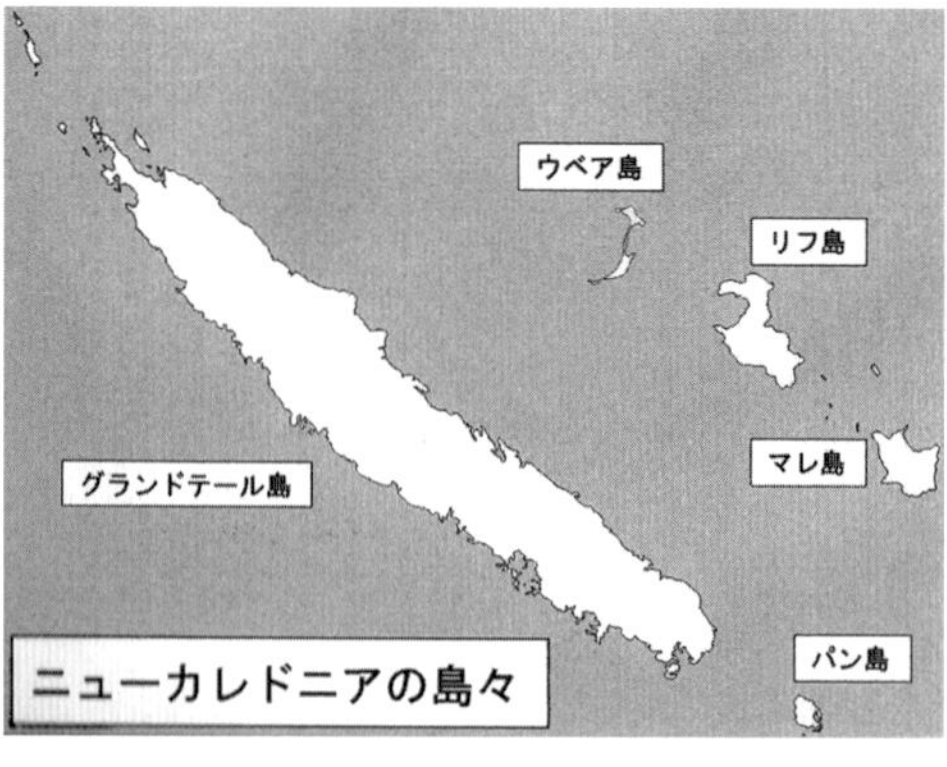

二、ヌメアへのフライト

◆時刻表で頭の体操

時刻表のマニアはプランを立てることで旅行した気分になるという。時刻表には、日本発着の国際線も載っている。ニューカレドニアへは成田と関西国際空港からヌメア行き直行便がある。エアカラン航空という航空会社。あまり聞いたことがないが時刻表をしらべてみた。成田は別にして、関西国際空港では次のようになっている。ヌメアはニューカレドニアの国際空港の名称でヌーメア＝ラ・トントゥータ国際空港が正式名称。ヌメアは都市名ということになる。飛行機はヌメアを出て関西国際空港へ到着してからトンボ帰りで戻る。それでヌメアを基準に書き換えて考察する。

ヌメア発――――関西国際空港着　時差2時間、（　）内は日本時間

月	1時30分発（23時30分）	8時30分
木	1時30分発（23時30分）	8時30分
土	1時30分発（23時30分）	8時30分

関西国際空港発――ヌメア着

月	11時50分	22時35分（20時35分）
木	11時50分	22時35分（20時35分）
土	11時50分	22時35分（20時35分）

この時刻表でわかるように、ヌメアを深夜出発して、朝関西国際空港に到着し、飛行機は昼関西国際空港を出発する週三便のフライトである。これでみると旅行日数が割り出せる。

月出発の場合　木帰国（4日間）　土帰国なら（6日間）
木出発の場合　土帰国（3日間）　月帰国なら（5日間）
土出発の場合　月帰国（3日間）　木帰国なら（6日間）

内3日間は現実的には旅行として成立はしないので曜日を考え4～6日間から選ぶことになる。結局月曜出国・土曜帰国を選んだ。因みに2020年3月時の調査では、土曜日のフライトはなく、月・木のみで出発時刻はほぼ同じである。

1月26日(月)ニューカレドニア行きSSB881便は11時50分に関西国際空港を出発する。この日の朝、石川県の自宅を出て一番電車で関西国際空港へ行けば9時30分過ぎに着く。そのつもりでいた。しかし冬場であり積雪による電車の遅延が懸念された。それに早朝出発も大変。結局大阪駅前に前泊することにした。前々日インターネットで大阪駅前のホテルを予約した。

大阪駅前ホテルを朝出発する。9時30分過ぎ着、先ず搭乗券の受取りにカウンターを探す。カウンターを見つけ旅行社からもらっていた《eチケットお客様控え》と《旅券》を見せて、ビジネスクラス搭乗券とパンフ一式をもらう。現地の通貨両替も心配であった。カウンターで尋ねた。

「関西国際空港内でパシフィックフラン（CFP）に替えられますか？」

「どこの銀行でもというわけにはいきませんが、紀陽銀行が扱っています」

カウンターの近くにも銀行の出張所が見えるが、そこは扱っていないよう。

「紀陽銀行はどこにありますか？」

「出国審査が終わって左へ進んだところにあります」

と紀陽銀行のパンフレットをもらった。

保安検査の前にコートを預けなければならない。コートの一時預け所があり、もらったパンフの中に割引券もあったが、コインロッカーが便利だ。前年バリ島へ行った時も経験している。

コインロッカーは空港内のほぼ中央、エスカレータの近くにある。一個のコインロッカーに2人分の冬物を入れてもまだ余裕があった。

◆現地通貨をどうする

出国審査を終えて紀陽銀行を探す。

「日本円でどれだけ替えておく?」と妻が聞いた。

「1人で1万円ずつ……」というと、妻は、

「まとめて替えてわけたらどうか」という。

二人分いっしょに1枚の書類を書いて、後で分けてもいいようだが、別々にしたほうが、後で分ける手間がいらなく交換レートなどが分かりやすい。

1万円が10000CFP8枚に替わり800円のお釣りが戻った。8000CFPを9200円で買ったことになる。1000CFPは1150円であり、ほぼ1000円と考えればよい。

後で気づいたが、受付カウンターでもらったパンフレット一式のなかに両替割引券が入っていた。両替のことを尋ねたのに、割引券のことは言わなかった。カウンターの応対は親切なようで事務的でもあった。

ところで、現地では全く交換しなかった。クレジットカード決済できるところはそれで済ませた。そのため2人で合わせてかなり余り、帰る時空港出発ロビーの免税店での買い物でも4000CFP余り、ロビー内の銀行で日本円に替えたところ4000円戻ってきた。とてもわかりやすい交換法で残りの現地コインは持ち帰らざるを得ない。現地では通貨は紙幣として1000CFPが主流、日本の1000円札のように使われており、あとはコインで500CFP、100CFPがよく使われていたが、100CFPが500CFPより大きいので間違えやすかった。

◆ビジネスクラス

今回もCクラス（ビジネスクラス）でのフライトである。

関西国際空港11時50分発、定刻通り出発した。エアカランはエールフランスとの共同運航である。乗務員もフランス人が殆ど。

ビジネスクラスは並び席3列で縦に4席、全部で24席である。満席ではなかった。私達の前席も後席も並び席に一人ずつであった。日本人で乗っているのは私達だけであった。

ビジネスクラスとエコノミーは厚いカーテンで仕切られているが、ちょっとトイレに行く時エコノミーの様子を拝見した。乗客はざっと席の半分くらい。一人で4席をとって寝ている客もいたが、これだとビジネスクラスより安眠できると思った。

離陸して間もなく昼食のメニューが配られる。フランス語・英語・日本語の併記である。機内アナウンスはフランス語・英語・日本語の順。

昼食が終わるとニューカレドニアの入国カードと税関申告書が配られ、飛行機の窓のシャッターがすべて下ろされ暗くなった。外はまだ昼間なのに、寝ようというのか。まわりの人もリクライニングを倒して寝始めた。そうでない人は手元のあかりをつけて本を読んだりしている。液晶カラーモニターでゲームをしている人もいる。凡そ9時間のフライトは長い。到着時刻は22時35分（日本時間では20時35分）。時差が2時間と短いのはまだましである。

三、ヌメアへの第一歩

◆空港到着からホテルへ

22時35分、トントゥータ国際空港へ予定時間どおり到着した。タラップを降りて徒歩で空港ロビーへ入る。入国審査は一カ所で長い列が続く。てきぱきと処理をしており割とスムーズに進んだ。入国審査を通過すると機内預けの受取所。私たちは預けた荷物がないので、すぐ税関審査へ書類だけを提出してから出ると現地の各旅行社が待機している。どこかなと、探していると同業者が気をきかせて教えてくれた。そこには日本人の女性がテーブルの横に立っていた。そこで書類を見せると、「しばらく待ってほしい」と言って2本のペットボトルの水を渡してくれた。

どうやら各旅行社の客をまとめてホテルへ連れて行くらしい。そのうち少しずつ客が集まり、準備してあったペットボトルも減り始めた。すでに同じ飛行機に乗っている客はもう終わったらしい。どうやら別便の飛行機を待っているようだ。続いて成田からやってくる飛行機ではなかろうか。待つこと1時間、やはり次の便の客の受付がはじまった。ペットボトルもなくなった。

ようやくバスへの誘導がはじまった。

飛行機が到着してから2時間、バスが発車した。すでに0時をまわっている。先ほど受付をした女性は、ニューカレドニアの滞在中の説明をはじめた。観光ポイント、両替、習慣、注意などなど、到着するまで流暢に休みなく話し続けた。

やがてバスが市内へ入ると、街路灯が続き、海岸がちらほらと見える。各ホテルをまわりながら順に客をおろし、私たちのホテルが最後となった。

同じホテルに泊まる客がロビーで説明を受け、それぞれ部屋へと移っていった。

空港到着より3時間半、ようやく部屋へ入る。日本時間ではまだ0時前であった。

私たちが宿泊したル・メリディアンは五つ星ホテルである。アンスバタ湾を一望できる絶好の場所で広い敷地内では手入れの行き届いた植物に南国の風が爽やか。２２５部屋、すべての客室から海岸が望め、室内は明るいブルーとクリームの落ち着いた色合いでまとめられている。NHKが視聴できるテレビが備え付けられてあり、ニュースは日本国内と同時放送であった。

四、シャトルバスで巡る

◆現地旅行社アルファインターナショナル

ニューカレドニア本島の観光名所は、ほとんど南部に点在する。この間をめぐるシャトルバスがあり、チケットを見せるだけで滞在中は乗り放題。現地の旅行社《アルファインターナショナル》が運営している。

バスは各ホテルに寄り、西海岸を北上し、東海岸へ横断してぐるりと回り14カ所で停車する。一周2時間30分かかり途中の資料館などで自由に下車、乗車できる。ただ難は一日3便しかない。

先ずシャトルバスに乗ってみることからはじめた。所謂ワゴン車で白のボディにALPHA

と書かれてある。運転手は男性で黒人であった。いわゆるメラネシア人。あまりしゃべることはなく無愛想であり、自分の好みのミュージックを大きく車内で鳴らしていた。座席は9席で私たちは前席に座る。新婚旅行のカップルが後席に座った。

ニューカレドニアへ来てはじめて昼間の車窓からの景色を眺める。昨夜空港からのバスは夜中だったので外の景色はよくわからなかった。あらためて目の前に展開するトロピカルな風景を見て、遠いところへ来たなという実感が湧く。バスは次々にホテルをまわり観光客を乗せる、と思っていたが誰も乗る人はいなかった。これからは資料館などの見所、全部で9カ所の停留所がある。はじめの停車地が水族館。ここで新婚カップルは下車した。もう我々二人だけとなった。どこで下車するかは決めていなかった。

「最後まで乗ってみようか」

「はじめに一通りぐるりと回ってみて、明日もう一度乗り、途中下車するところをあらかじめ調べておこう」

実は途中下車できない理由もあった。このまま乗っているとホテルへ着くのは12時頃になり、午後はグラスポートの予約が入っている。

◆シャトルバスのルート

シャトルバスはホテルを除いて次の順で停車する。

①水族館
②ポートプレザンス
③ニューカレドニア博物館
④ヌメア市博物館
⑤海洋博物館
⑥FOLの丘
⑦自然公園
⑧チバウ文化センター
⑨ウエントロの丘

②から⑥はヌメア地区といわれるニューカレドニアの首都で一番賑やかなところ。各場所間は徒歩でも移動が可能であることもわかった。

⑥のFOLの丘はヌメア地区が一望できるビュースポット。ちょうど雨模様であったが、バ

スが停車してくれたので、しばらく眺める。バスはここで停車して観光客に遠望を楽しんでもらうことになっているらしい。

運転手はいつの間にか見えなくなった。丘の上にはＦＯＬ文化センターがあり、中へ入って休憩するのだろう。一般は出入禁止になっていた。ＦＯＬの丘という名称だがＦＯＬの意味はわからない。ガイドブックなどＦＯＬの意味を調べるがいまだにわからない。ヤフーの検索で《ＦＯＬの丘》で調べてみた。多くの人がニューカレドニアの旅行記を書いている。しかしＦＯＬの意味を書いている人はいない。中にはＦＯＬの意味はわからないと書いた人もいる。明日再びシャトルバスに乗ったらここで下車してヌメアの街並みを散策することにしよう。

10分ぐらい休憩した後、バスはＦＯＬの丘を出発して島を横断し、途中⑦自然公園で停車する。珍しい鳥や動物が自然のなかで観察できる。明日は下車をしようと思った。シャトルバスを乗り継いで回るには一日3便だから2カ所しか下車できない。

バスは東側へ出て、⑧のチバウ文化センター。やがて東側海岸を南下する。最後の停車地がウエントロの丘、ここでしばらくバスは停車する。高さ500メートルぐらい。眼下にはアンスバタ一帯が一望できる。遠くには島も見える。山を歩いて下ればホテルへも最短距離のようだが、バスでホテルへ戻る。12時過ぎに到着。

五、グラスボート二人で貸切り

◆乗り場が違う

グラスボートは日本で予約してあった。予約というより旅行費用に含まれていた。出発時間や場所は現地の旅行社から連絡があるとのことだったがホテルに着いてから渡された予約書に書いてあった。

ボートの出発時間は14時、場所はホテルから歩いて15分ぐらい。ホテルが海岸に面しており、海岸沿いに歩いて行く。

午前中、シャトルバスの最後の停車地ウエントロの丘から船の桟橋が見えた。

「あれがグラスボートの出るところだ」その桟橋めがけて歩く。風は強い。海はサーフィンなどのマリンスポーツがいっぱい。海岸は子どもたちがあちらこちらでグループごとに海遊びを楽しんでいる。私たちが通り過ぎると、何やら話しかけたり手でしぐさをしたり、カメラを向けるとVサインや変わったポーズをとる。子どもたちが人懐こく茶目っ気があり天真爛漫なのはどこの国も同じである。ただ日本の子どもたちは超過保護で知らない人には接しない教育が徹底していて、近所でも知らぬ顔の子どもが多いのとは正反対。

栈橋めがけて歩いていたが、なぜか予想時間より長い。その栈橋にようやく着いた。ちょっと様子がおかしい。確かに栈橋のように海に橋が出ているが、その先が建物であり、海面からも高い。ボートが出るなんていう場所はどこにも見当たらない。急いで地図を出す。ここは「RE ROOF」という水上に立つレストラン。

ボートの出る栈橋は歩いてきた途中にある。あまり目立たない小さな木橋が海岸に出ていた。歩いていて目には入っていたが、思い込みが失敗であった。50メートルばかり遅れて歩いてきた妻に振り返り、

「間違えた。戻ろう！」と手でサインを送る。それでもこちらへ歩いてくるので、すれちがいに、

「間違っていたので戻ろう。ボートの出発時間が迫っている」

「せっかくここまできたので、ちょっとレストランの中を見てくる」

と言ってレストランの方へ行くが、中は暗い。後でわかったが、開店は夜間だけのようであ

る。

ボートの桟橋近くへ来た。出発時間まであまり時間がない。私は早足で急ぐ。妻との距離がだんだん離れる。とにかく予定時間までに着いて、妻が到着するまで待ってもらおうと急いだ。桟橋は100メートルの長さ。幅が狭く仮橋のようである。ボートへ向かって手を振り待って！　の合図。転倒しないように狭い桟橋を急ぐ。

◆グラスボートは二人だけの貸切り

桟橋の横の船のそばに着いた時は出発予定時刻14時を過ぎていた。それでも係の人は待っていた。係といっても、船の操縦士フランス人とガイドの日本人女性。

船の乗り場には子どもたちが10人ほど集まっている。桟橋から船に乗り移る。他のお客はと見ると、私たちだけのようだ。船は10人ぐらいは楽に乗れる広さ。やがて船はエンジンの音をたてて出発した。子どもたちは手を振って見送ってくれる。海に飛び込んで泳いでついて来ようとする子どもに操縦士が「危ないから」と制止する。

船は長さ10メートル足らず。船の中央底がガラス張りになったのぞき窓がある。その両側にベンチがあり、ベンチには5人ぐらい座れるようだ。

船は５００メートルぐらい離れたサンゴ礁でできた小さなカナール島をめざす。やがて島に近づくと船底からサンゴ礁の群生が見える。その間を魚がすいすいと泳いでいる。まさに自然の水族館。何カ所か観察した後、船は陸地に対して島の反対側に船を迂回させた。

海底は深いようである。操縦士がのぞき窓を叩くと条件反射か、餌を求めて魚が集まってきた。大小いろいろであるが平均で60センチぐらいである。

やがて操縦士が船のへりへ行き、フランスパンをちぎって海へ投げる。魚が集まる。たった1個のちぎったパンを数十匹の魚が取り合う。

船に乗った時、フランスパンが置いてあったので不思議であった。スタッフの食料と思っていたが、魚の餌だったのだ。これも観光客へのサービス。妻にもやってみないかとフランスパンを渡された。

日本でもコイに麩を投げてよく似た体験もあるが、外国の大海でこんなに迫力ある光景に会えたのは醍醐味であった。

カナール島は周囲が数百メートル。人影が見える。操縦士は女性の通訳を介し、「島へ上がってみますか？」と尋ねた。

「いや、もう帰ります」

島へ上がっても、泳いでも料金には変わりないが、早く陸地へ戻りたかった。操縦士はせっかく好意で言ったのにと思っていたかもしれない。

「それでは戻りましょう」

船は桟橋と別の方向へ向かって、全速力で走る。乗船した場所へ戻ると思っていたが、全く別の方向にエンジン最速でまっしぐら。あっという間に岸に着いた。その岸辺に「タクシーボート乗り場」と日本語の表示があった。別に桟橋があるわけでなく砂浜に付けた船から浜辺に飛び降りる。

「ホテルまで車で送りましょうか？」の申し出に、

「いやいいです。時間があるので、ぶらぶら歩いて帰ります。あるいはバスに乗って帰ります」と言って、また好意を断った。

六、ホテルまでウオーキング

◆アンスバタシーサイド

観光局は観光地の方々にあるらしい。専門にわかれているが全体の案内や現地ツアーの世話もする。到着した場所の観光局はタクシーボートで近辺の小島への送迎をおこなっている。どの観光局も旅行者の便宜をはかり観光全般の情報が得られるように資料を揃えている。

ここの観光局はアンスバタといわれるシーサイドの中央にあった。ここから私たちが宿泊するホテルまではバスで帰る方法がある。バスの乗り方もガイドブックでしらべてあったので乗ってみたかった。何でも現地で未知の体験をすることが旅行の一つの楽しみであるが結局バスに乗ることはなかった。それよりも歩くことが最高の旅行体験と思っている。

ホテル《ル・メリディアン》はアンスバタでもずっと東の端にある。賑やかな一帯から隔離され、海岸に面して他方は広い敷地で木に囲まれており、さすが五つ星リゾートである。そこまで歩くにはざっと地図で見て3キロメートルぐらい。シーサイドウオークと2カ所のショッピングセンターをまわってホテルまで歩くことにする。

アンスバタは旅行者が最も多くの時間を過ごす地域だ。ホテルやレストラン、バー、ショッピングセンターに旅行会社などが建ち並び、南太平洋有数のビーチリゾートを形成している。

ホテルと反対側の海岸線はシトロン湾に面して大きな通りや散歩道が続く。《プロムナードショッピングセンター》へ着いた。ショッピングセンターは各店が並んでいるが、何故かどの店も閉店している。そういえばヨーロッパでは昼はすべてがお休みの時間で、フランス統治領であるからにはその慣習は当然である。

◆トイレ事情はよくない

外国旅行ではどこの国も公衆トイレはあまりないのが普通である。そのための工夫も必要である。ニューカレドニアも同じ。ショッピングセンターで用を足そうと思っていたが裏切られた。

ショッピングセンターというと日本人はデパートや量販店の客用トイレを想像するが、ニューカレドニアでは個々の独立した店が単に集まっているというだけである。多くの閉ざされた店が並ぶなか、ひとつの営業中のレストランを発見する。早速、ここへ入って飲み物を注文する。

ガイドブックによれば、以前は人が多く集まるところは有料トイレがあったが、現在は壊れたり放置状態になっている。代わりに無料で使用できる新しいトイレが設置されている。日本の土木工事用の臨時トイレと同じ型のもの。定期的に清掃がおこなわれていて不潔さはないと書かれてあったが、実際は汚物がいっぱいで見ただけで吐きそうであった。勿論用は足せない。どの国も日本に比べて公衆トイレがないのが、旅の悩みで、水分の補給はできる限り控えるのが旅のひとつのテクニックであろう。

◆ホテルまで迂回する

道路沿いのアンスバタビーチはウインドサーフィンが盛んだ。この散歩道を歩いていると風が強い。やがて桟橋だと間違えた水上レストランのところへ来た。ここからは砂浜沿いにホテルまで戻れるが、バスが通る大通りの歩道へと進む。道路の左右は林が続き、時々自動車が走る。

路線バスの終点がホテルであり、道路を歩いているとやや坂道で、シャトルバスの最後の停車地「ウエントロの丘」が左手に見える。グラスボートに乗るためにホテルの裏側から進んだのに対し、ホテルのゲート側に向かう道路を進んでいる。歩くことでホテル周辺の地形も体で覚えることができる。どうやら海岸沿いを戻るより時間はかかった。バスの終点から下り坂を進むとホテルのゲートに出る。

七、ホテルの日本食堂《将軍》

◆日本人の店員がいない

夕食はホテル内の日本食堂《将軍》。ホテルのフロント横でわかりやすい。18時、開店と同時に入るため入り口で待つ。日本の玄関風の扉があり、店の表示は簡素で左側壁に《将軍》と行書体で書かれ、その下にローマ字でSHOGUNと併記されている。更にその下にフランス語の表示がある。ホテルへ帰るまでウオーキングをしたのでかなり空腹であった。店内は日本の雰囲気を出そうと、壁には日本のグッズが飾られている。うちわがあったり、時期遅れのカレンダーはナンセンスだ。店内は寿司カウンター、鉄板焼きテーブル、一般テーブルの三つに区分されていたが、一般テーブルに座る。テーブルの上は簾を適当な大きさにしたテーブルクロスがかけられてあった。女性店員三名と板前の男性一人がいた。男性は寿司カウンター内におり、そこで一人で調理にあたっているようだった。

やがて女性店員がメニューを持ってきた。メニューは日本語、英語、フランス語で併記されている。一品料理もコースも書いてある。コースにも種類があり、内容を尋ねるがよくわからない。ガイドブックには日本語を話せる店員がいると書いてあるが誰一人話せるものがいないので要領を得ない。メニューのシーフードのコースを指でさして二人分を注文した。写真には刺身を含めいろいろなものがある。コースと名前の付くものは日本では懐石のことで次々と料理が運ばれることだろうが、ここではどうだろうか。

◆シーフードコースを注文

一人前4300CFP、日本円では5000円ぐらい……二人で1万円ぐらいというところ。かなり時間がたって料理が運ばれた。先ず刺身の盛り合わせ。イカ、エビ、カイ、マグロ？　赤みの刺身、わさびがちょこっと付いている。パセリもある。全く日本の食堂と変わらない。違うのは会話が不都合な点である。日本食堂と銘打つなら日本語ぐらい話せる店員を置くべきだ。日本人宿泊客が80％利用しているホテルで5つ星としては不備である。刺身は外国では心配だが、まあ大丈夫と自分を納得させる。日本酒も注文しなければならない。メニューには180ミリリットル（1合）1000CFPとなっている。高いが止むを得ない。はるかかなたから運んだのだから、ほとんど運賃と考えなければならない。1合で足りるわけがないが、追加はあきらめる。

酒の銘柄も書いてあったけれど忘れてしまった。銚子はと底を触ってみると日本のレストランと同じく上げ底である。本当に1合入っているのかわからない。

続いて出されたのが、シーフードと野菜を炒めた鉄板焼き。中身は先ほどの刺身の種類と殆ど同じようだ。これがメインディッシュなのだろう。まあ刺身も鉄板焼きも分量だけは多く、空腹を満たすには十分であった。日本酒を飲んだ後、ご飯とみそ汁が運ばれたが、ややパラパラだがまあまあ……。デザートはアイスクリームでこれもまあまあ。

支払いはクレジットカード決済。後日日本円で一万円ちょっとというところと思った。1カ月後に届いた明細書では日本円で9661円であり、為替レート換算率が殆ど等しかった。関西国際空港での両替と比べて、かなり有利であった。カード決済は後日の為替レートが影響はあるものの、一般にカード決済が有利であることはよく言われている。旅の知恵としてカード利用の効用をすすめたいものである。

八、シャトルバスオンリーの一日

◆プチトレインは名物乗り物

1月28日㈬ホテル2泊目の朝を迎えた。夜中に雨が降ったようだ。ホテルのベランダに出ると濡れていた。眼下にはプールがあり、まわりはトロピカルな樹木が囲んでいる。雨上がりで空気はさわやかだが、風はかなり吹いている。

どうやら毎日決まった時間に風が吹くようだ。海風、陸風の原理だと思うが、昼間と夜で風速が大きくなる時間帯が決まっている。前日、ウオーキングした時も横風が強かった。昼間と夜の風の向きが異なり、その変わり目がナギといわれる無風状態。

前日はシャトルバスで一周した時、少雨もあったが今日は快晴。シャトルバスで途中下車をしながら自分の足で見て歩こう。途中下車は2カ所しかとれないが、その時間を有効に使った行動をしたい。

シャトルバスを待っていると、プチトレインという変わった乗り物がやってきた。先頭にクラシックな蒸気機関車の形をした牽引車があって、それが後の3台の客車をトレーラー方式で引っ張る。今回の旅行では乗ることはなかったが、町の所々で遭遇した。軌道のない道路をピーポーと優雅な汽笛の音を響かせながら走り、見ているだけでも楽しい乗り物だ。

資料によれば運行経路は決まっていて、町中を一周する。運行間隔は午前中に2便、午後に2便あって、一周するのに約1時間半。シャトルバスと違うのは東側海岸には出ずに西側を往復する。運賃は800CFP。

◆女性運転手ソニアさん

シャトルバスがホテルの前に着いた。運転手はとみると、ポリネシア系の肌をした、やや大柄の女性ドライバーである。名前はソニアさん。前日の男性ドライバーに比べて愛想はよいようだ。ホテルから乗る客は我々だけのようである。

やがて貸切りのようになったシャトルバスが9時40分ホテルを発車した。各ホテルを巡回するが誰も乗る人はいなかった。

バスはヌメアへ向かって走る。ヌメア市内では各停留所を回る。ボートプレザンス、ニューカレドニア博物館、ヌメア市博物館、海洋博物館、ＦＯＬの丘の順で止まる。これらの間は徒歩でも回れる距離である。

ソニアさんが「どこでおりますか？」と英語で尋ねたので、「ＦＯＬ（エフオーエル）」と答えた。運転中なのでわかったと前を向いたまま指を丸めて私たちに合図を送った。前日、ＦＯＬの丘は少雨であったが、今日は快晴なのでヌメアの街並みを遠望できる筈。

ニューカレドニア博物館の前でバスが止まる。ふと見るとヤシの実をクレーン車で採集しているところを見かけた。バスの発車まで時間があるらしいので、妻は写真を撮りたいと、カメラを持ってヤシの実を指差した。

ソニアさんはにっこりと笑って、バスのドアを開けてくれた。妻はバスを降りてカメラをヤシの実を採集している人に向ける。私も下車して見学する。

10時50分、バスは東側のヌメア市最後のポイントＦＯＬの丘で止まり私たちは下車した。ここで乗車客のいないのを確かめて、すぐさまバスは発車してしまった。しばらく眼下のヌメア市内を少し眺めてワイドビューを堪能する。

ＦＯＬの丘は、観光客が必ず寄るところ。丘から見たセント・ジョゼフ大聖堂の2本の尖塔の向こうにモーゼル湾を望んだ写真は旅行案内でよく見かける。ニューカレドニアの定番でもある。丘にはＦＯＬ文化センターという小さな建物があるが営業していない。

次のバス2便はヌメア市内を回ったのちＦＯＬの丘は13時20分に出発する。いまからだとヌメア市内での滞在は2時間少しある。乗り場はＦＯＬの丘でなくてもよい。

「街へ歩いて行こう」と、妻は先になって自動車道を下りだした。

きっと近道があるはずだ。その下るところを探す。ガイドブックにはココティ広場からＦＯＬの丘へは上り道がまっすぐにあると書いてあった。その逆が通れる筈。と、自動車道を少し歩くと、下への降り口を発見した。妻は先にどんどん自動車道を下っている。

「おおい、近道を見つけたぞ！」と呼び、振り返った妻に手招きをする。

下り坂は狭くて急だが、段々になっているので歩きやすい。何かけもの道のようである。途中で誰にも会わなかったが、やはりけもの道、あっというまに市街へ到着した。中心のココティ広場へはほとんど直線道路で達した。

◆日本軍の遺品もあるヌメア博物館

バスの停留場の一つ《ヌメア博物館》もココティ広場の目の前。とにかく入ってみることにした。博物館の第一室にある木彫は、メラネシアに伝わる優れた伝統芸術。生活や祭りなど竹彫刻の版画だ。１８５０年に発見されてから、竹版画を復活させ、作家はヌメアに多くいる。見ていて気持ちの安らぐ作品も多い。

２階に上がると、南太平洋のメラネシア文化圏の芸術性を感じる仮面などが展示されている。とくに竹に刻まれた模様のように細かい絵は、精巧に描かれていて、彼等のセンスにただ驚きを感じた。

ほかに日本軍の戦争の遺品も展示してあった。太平洋戦争で、ここまで日本軍が侵攻したのか。そういえばニッケルの半分以上が産出する国だったせいか。せまい博物館内には多くの貴重な資料が所狭しと展示されていた。

◆食堂でハンバーガー　時間が気になる

ヌメア博物館の前がシャトルバスの停留場で、その前はココティ広場である。広場は市街のヘソといわれる通りヌメアの中心にあり、南北に長い長方形のかなり広い面積を有している。その周りはフライボワイヤン（火炎樹）という独特の大木が囲んで市民の憩いの場である。お昼時で木陰で親子や家族がベンチで食事をとる姿があちらこちらで見受けられた。

私たちも、やや空腹で食堂を探す。この公園の周りは公共機関、ホテル、レストラン、ショップが並び、一キロメートル四方のなかにヌメアのすべてが凝縮されている。日本のように食堂は多くないようだ。なかなか見当たらない。公園の周りをうろうろと探す。やっと見つけて食堂へ入る。ヌメアセンターという商店が並ぶ一角で、かなり混んでいたが、空いているテーブルを見つけて座る。

やがてウエイトレスがメニューを持ってきた。フランス語はわからないが、ハンバーガーの写真を見て指をさして二人分注文する。一人前７００ＣＦＰ、飲み物も付いているが選択するようになっていたので、オレンジジュースを選ぶ。店内はかなり混雑しているが、日本人は皆無。

かなりの時間が経過したが、なかなか持って来ない。日本だったら「どうなったか？」と催促するところだ。実は次のシャトルバスの発車時間が気になる。ヌメア博物館前から2便に乗るつもりだ。ＦＯＬの丘で下りたのが10時50分、ヌメア博物館前の2便出発は12時55分。食堂から歩いて10分はかかる。12時30分になっても、まだハンバーガーが来ない。

ようやくハンバーガーが届いた。時計を見ながら口へかき込む。全部は食べ切れない量と時間とのあせりで、半分ぐらいでヌメアセンターの食堂を出ることにした。

◆2便のシャトルバスにやっと乗る

ヌメア市博物館前のシャトルバス発車まで5分ちょっと、歩行が遅い妻とは距離がだんだん離れる。先に着いてバスを待ってもらうには距離が離れても止むを得ない。

ようやく博物館前に着いた。そこには1台のマイクロバスが。このバスかなと思って、じろじろ見ていると、運転手は別の方向を指さした。交差点を曲がり建物の裏側に止まっているというしぐさ。ようやく見慣れたシャトルバスを見つけた。やれやれ、運転手のソニアさんと目が合いようやく安堵した。

先ほどの運転手は、観光客を運んできて待っているようだ。私たちをシャトルバスの客と見て気をきかせて教えてくれた。シャトルバスに乗り込む。ほかに客はいない。予定時間が過ぎているので、もう発車するのかと思っていたら、ソニアさんは運転席で食事の途中であった。バスのなかでガンガン音楽を鳴らしながら彼女の昼休み時間である。

午後1時過ぎ予定時間を少し遅れて、私たちだけを乗せた2便のシャトルバスはヌメアの市街をあとにする。海洋博物館を経由してＦＯＬの丘へ。ここは3度目である。通常はバスは停車して、しばらく丘からのビューを楽しんでもらうようになっているが、待ち客がいないと見るやぐるりと一回りして通過する。

◆自然公園で3時間

次は下車予定の自然公園。FOLの丘からは山越えをして東側海岸へ向かうが15分ほどで到着した。最後の見学地へ下車する。

ニューカレドニアのガイドブックや案内書に必ず登場する自然公園は、動物園と植物園はすべて同じエリアにあり、正式には森林公園という。ここへやってくる旅行者の大部分は、ニューカレドニアの国鳥カグーがお目当てという。27ヘクタールもある園内には、ニューカレドニアならではの植物や鳥類が多く集められている。

入り口で入場料を払う。60歳以上はシルバー料金が設定されている。後で気が付きお金を返してもらおうと交渉するが、妻の年齢が該当しないように見られた。なかなか言葉が通じない。結局シルバー料金で入ることは出来た。

はじめに右側の植物園をまわる。自然公園だけあって、クジャクが放し飼いになっており人が近づいても逃げようとしない。植物園の中には所々檻に入れられた動物もいる。かなり歩いたのでゲートの近くにある店で休憩する。ジュースを注文して喉を潤す。再び入園して左側の鳥園へ入る。ここには大きなふたつの池があり、遊歩道の新設の工事中であった。問題のカグーはどこにいるのか？　これだけはどうしても見ておきたい。森林の中には遊歩道が交錯していて、妻と歩いていてもちょっと油断をすると見失ってしまう。一般の客が少ないが、私が足早だからいつも後ろを振り返りながら行動していて離れることが多い。離れたので少し待ってみた。なかなか来ない。ひょっとしてカグーの場所をみつけたのでは……。もと来た遊歩道を戻ってみた。やはりカグーのところに立って見ていた。

「ここ、ここ」と妻は鳥を指さしていた。

ニューカレドニアの国鳥、飛べないカグーは犬のような鳴き声を出すことでも有名。どことなくひょうきんで、公園のアイドルとしてかわいがられているのもうなずける。

このほかにも、ウベア島にしか生息しないといわれる珍種のオウムや、2000種にも及ぶニューカレドニア特有の植物など、内容は盛りだくさんであった。もっと時間をかけて見たいが3便のシャトルバスに乗らなければならない。それでも3時間も滞在したことになる。

◆シャトルバス3便に乗車

シャトル3便の最終が、この公園発16時30分。2便では乗車時間ぎりぎりで懲りていたので余裕を持って公園出口へ向かって歩く。出口の近くでは子どもの一団が引率の先生と立ってさわいでいる。100人ぐらいはいただろうか。引率の先生は数名。よくみると白人・黒人・その中間の肌、いろいろであり、引率の先生も同じ、お互いに違和感がないのが感じられた。人種差別の先入観があるのは日本人だけなのか。旅行時アメリカ大統領も黒人出身となっていた時代、世界はみな同じを直に見た光景であったが、執筆中の現在は……。

出口の門をくぐる。もう閉門の時間近くとなり、出口の外は客待ちの大小のバスが数台止まっている。我々のシャトルバスを探すと、まだ発車まで時間が10分ほどあるのにすでに止まっていた。

ソニアさんが我々を見つけると、運転席を降り、にっこり笑ってドアを開けてくれた。乗り込むと先客あり、新婚のカップルが後ろの席に座っている。

東海岸へ出たシャトルバスはぐんぐん飛ばしている。最後の停車地、ウエントロの丘に到着。再びここからの眺めを脳裏に収める。同乗のカップルは初めてなのか、中央の大砲のそばへ行き珍しそうにじっとながめている。ここはFOLの丘と並んで見晴らしがすばらしい。FOLの丘は街並みが一望できるのに対して、この丘は自然の風景、海や島の遠望が広がる。

大柄な女性運転手のソニアさんも、一日3便の勤めがもう終わりとなり機嫌がよい。妻の求めに愛想よくにっこりと写真におさまった。それにしても体重はどうみても妻の2倍はある。

写真判定では100キロは超えている。

同乗のカップルにも「写真を撮ってあげる」と妻がシャッターを切る。横で私もそっと撮影しておいた。

まる2日間のうち、一日半はアルファインターナショナル社シャトルバスを利用したことになる。全部の観光ポイントを見学できたわけではないが一日3便を効率よく利用したことになる。滞在中何度でもどこでも乗り降りできたのはありがたい。

九、帰国への秒読み

◆出発まで使えるホテルの部屋で

帰国に向け、空港までのバスがホテルを出発するためのロビー集合時間が、現地の旅行社からもらってあった確認書では22時10分。それまではホテルの部屋を利用することができる。部屋に入るとベッドメーキングや洗面具もきちんと揃えてあった。宿泊するのではないので、ベッドで休むのをためらったが、あまり崩さないようにして、ちょっと横になる。

スケジュール表では、《お部屋は出発までご利用いただけます》また《日本語係員がホテルから空港までお送りし、搭乗手続きのお手伝いをいたします》と書かれている。ホテルは宿泊と同じように使ってもよいのだけれど、宿泊しないのに仮眠のためベッドを使うのが気にかかった。それでも入浴と仮眠と持ち込んだ食料で軽食をとった。仮眠といっても本当に眠り込んだら大変なので、時間を気にしながら横になっていただけであった。

飛行機は夜行便なので、夕食をどうするか、海外旅行の一つのハードルがある。飛行機では機内食の夕食が出される。そのためホテルでは簡単な夕食ですまさなければならないし、搭乗までのスタミナ保存も必要で体のコンディションとのいろいろな兼ね合いが交錯する。

関西国際空港到着までの経過時間を現地時間と、日本時間とで照合しておかなければならない。時差が2時間だから、そんなには違わないが。

ホテルをバスが出発してからは次のように想定しておく。（　）内は日本時間

ホテルロビー集合　22時10分（20時10分）
ホテル出発　22時30分頃
空港到着　23時30分頃
搭乗手続き完了　24時頃（22時頃）
空港ラウンジ使用（軽食をどうする？）

空港発　1時30分（23時30分）
機内夕食　2時頃（24時頃）
機内朝食　9時頃（7時頃）
関西国際空港着　10時30分（日本時間8時30分）

旅慣れた人は、機内食はなるべく取らないという。しかし機内食は旅行中の楽しみの一つである。ビジネスクラス利用なら、なおさら恩恵をこうむりたいという欲求がある。出されたものは全部食べなければ失礼になるという日本人古来の慣習も身についている。食事の前に配られるメニューは美麗でいかにも食欲をそそる書き方をしてあり、外国語と日本語が併記されている。それでも、機内食はなるべく取らないようにドライに考え、最近は全部食べないように努めている。

出発までの一つの仕事に荷物の整理がある。今回は現地4日間の旅行だったため日本国内では一般的な日数であり、携行品は極力制限し、簡単な旅行カバンだけにした。お土産も買う予定がなく、搭乗前に免税店で、近い親戚分少量しか購入を考えていない。まさに軽装旅行であり、これを旅のモットーとしている。海外旅行はスーツケースがお供というのが一般的な装いに対して、軽装は身軽で行動力があり、これからもそうしたい。妻もキャスター付きで機内持ち込み可能の旅行バッグにした。

関西国際空港に着いたとき、税関出口カウンターで係官から、

「スーツケースは？」と聞かれて、

「ありません。5日間だから持たないのです」

と言うと、係官はショルダーバッグの中も確認しないで通してくれた。スーツケースがないと早く出られる便宜性をいつも感じている。


ホテルの部屋でカバンの整理をしているうちに、時間がどんどん経過していった。

出国するのに必要な書類の確認、中でも最重要なのが旅券。それと航空券引換え券、別名《eチケットお客様控え》。これで搭乗券と交換することになるので重要書類である。もうひとつが出国カード、税金申告にあらかじめ記入しておいた方がよい。ニューカレドニア入国の際に飛行機の中で書いたが、暗いのと小さい字で書かなければならなく苦労した。

◆ランドオペレーターの出番

ホテルロビー集合が22時10分。早めにロビーへ行き、冷蔵庫の飲み物の精算をすます。そろそろほかの客が集まってきたが、別に団体ではなく、それぞれの客を集めて乗せていく。不特

定多数の日本の各旅行社手配の客で、現地の旅行社が一括で世話にあたっている。いわゆるランドオペレーターという。現地人や日本人の場合もあるが、今回は到着時も、出発時も日本人であった。ランドオペレーターは観光客を相手に土地の観光案内やホテルやレストランの手配などをする仕事である。単なる観光という以上に訪れた国の文化や習慣が、日本とどう違うのか、その中で楽しめる旅行となるようなガイドをする必要がある。現地に住んでいるので堪能な語学力が必要で現地の人に溶け込める柔軟性も大切だろう。

ランドオペレーターの日本人女性が、バス乗車の前にみんなの名前を呼んで確認をはじめた。集まったのはざっと20名ぐらい。どうやら予定者全員が集まったようだ。ほとんど新婚旅行のカップル、私たちとよく似た年配の夫婦もいた。

大型バスはもうホテルの前に到着している。皆眠そうである。これから12時間の日本到着までのベルトコンベアが動き始め、時間を追って次々と従わなければならない。海外旅行では一番緊張する時で、旅行中の様々の体験はなぜか頭に浮かばない。日本到着へ向かってミスがないように体調が狂わないようにと緊張感が続く。それでも単調な乗り物のなかでは休息も忘れない。

トントゥータ国際空港とホテル間は一時間少しかかる。ニューカレドニアへ入国した時も、これから出国へ向けても深夜である。市内を離れると高速道路があり、途中からは一般道を進む。ほとんど丘陵や森林の中を走るので窓外の景色はほぼ見えない。まるで暗黒チューブのなかをバスは走る、これがまさに帰国へのベルトコンベアと言いたい。

◆超短期間の旅から

トントゥータ国際空港は日本の空港に比べたらランクは低い。たった一つの玄関、国際空港で、空港内の雰囲気から見て、ニューカレドニアはまさに地球の中の孤島という感は拭いきれない。日本からずっと離れているということが、日本人にはあまりなじまないのかもしれない。

それでも近年は日本人が訪れるようになった。天国に近い国のキャッチフレーズと直行便の運航で目を向けるようになった。歴史的に苦難の道を歩んできたことも博物館の資料で理解でき、日本人も戦時中に絡んでいたこともはじめて知った。それにしても現地の人たちは、子どもも大人も、今の日本人が失っている人間らしさを持っているようであった。

空港ラウンジでしばし休息。短い滞在を反芻し、自分の余生のいくらかの糧になったことを認めたひと時であった。

ニューカレドニアの暖かさ

岡野葉子

冬の北陸を離れて暖かい所へとパンフレットを漁っていて偶然見つけたニューカレドニア。わずかの滞在だったが、一口に言っていいところだった。

首都ヌメアの公園ココティ広場。夏の盛りのここでは、大樹の木陰で涼みながらおしゃべりする若い女性たち。私も腰を下ろして一休みする。ベビーカーがあるが、子どもはいない。

「赤ん坊は？」

の私の手振りの問いに、

「今、旦那が連れて行っている」（フランス語圏だけど、何語かわからず。髭のしぐさで旦那と分かる）。

しばらくして、若い男性が赤ん坊を連れてくる。

「連れてきたよ！」（可愛いわが子を見て！　という感じ）

「まあ、可愛い！」

私は、その小さい柔らかい足にそっと触った。

郊外の自然公園。広い園内は幼稚園児や小学生の集団、家族連れが歩いている。幼児がお弁当を広げている横を、長い尾羽を引きずった孔雀が悠々と歩いている。感動してカメラを向けるのは我々だけというのは孔雀など珍しくもないことなのか。

この公園で出会った人々に自然にさりげなく挨拶された。

ベビーカーの家族には、上の子から元気よく、

「ボンジュール」

と挨拶され、こちらも少々照れながら、

「ボンジュール」

と返した。

「ニューカレドニアって新婚さんの行く所でしょう？」

結婚したての姪から言われたが、なるほど日本人の殆どが新婚旅行らしきカップルであった。周辺の

小島や海へのアプローチであるらしい。我々のような熟年は本島を歩き回るだけで十分満足した。島の住人の温かい心に接して。もう一、二泊したかったが……。

マイレージでグアムの横井ケーブ

一、マイレージの旅初体験

◆はじめてのマイレージ

海外旅行は、もう40回に届く。これまでいろいろな形の旅行を経験してきた。そのなかで、時間に縛られる団体旅行は飽き飽き。最近は妻と2人だけの催行、つまり旅行社のツアーでも、プライベートな企画を探して旅行を楽しんでいる。

今回記述のグアム旅行は、マイレージを利用した旅行として初体験であった。マイレージは航空機利用の度に貯まるポイントのことで一般の買い物でも貯まる仕組みがある。貯まったマイレージでグアム往復航空券をゲットできた。航空券もホテル手配も旅行社抜きですべて自宅のパソコンだけのネット手配ですませた。

グアム旅行は2回目である。前は一人旅であったが記憶は残っている。今回も全くの自由行動なので、グアムでの行動は現地へ到着してから考えることにした。妻はグアムははじめてなので定期観光バスのビュースポットめぐりには付き合うことにした。

◆ＪＡＬマイレージバンク入会

ＪＡＬカードを持つきっかけは、関西国際空港から妻とバリ島へ旅行した時であった。空港内に出張して机を置いて勧誘していたカード会社の女性職員に呼び止められた。

「国際線を利用するとマイルが貯まるので作りませんか」とカード会社の誘いに乗ってしまった。普通ならさっと断るところであったが、心の内に話を聞いてみたいと思った。

「どちらへ行かれますか？」

「バリ島です」

「それだったらバリ島だけでも、お二人でかなりマイルがたまりますよ」

「バリ島往復でどれくらいのマイルですか？」

「入会するだけで1000マイル、バリ島往復も含めてざっと4000マイルぐらいでしょう」

「そんなにたまるのですか！」ぐっと衝動買いに似た触手が脳を走った。別に品物を買うわけではないからまあいいか、ということになった。女性職員は、

「入会金も初年度会費も無料だから、後で考えて要らないと思ったら止めることもできます

よ」

そうか年会費が要るのだな。いままで持っているカードはすべて年会費無料ばかりだから、そこまでは考えなかった。初年度無料は入会勧誘の決まり文句であるが、ちょっと戸惑ったものの、多少マイレージに関心があったので、

「では年会費はいくらですか？」と尋ねた。

「年会費は２０００円です。家族会員は半額です。今年の分は無料で来年からです」

初年度中に断ることはできるからという誘いに、入会手続きをとることにした。

「それじゃ入会してみよう」二人とも、その場で申込書を書いてしまった。

後日、ＪＡＬカードの報告書をみたら、バリ島旅行だけですでに一人４０００マイルぐらい貯まっていた。このような基本マイルがあると、次からチャレンジ精神がわいてくるというものだ。

◆マイレージ獲得作戦

マイレージと言えば、飛行機に乗った時だけに貯まるものだと思っていた。それであまり関心がなかった。ところが、「ＪＡＬ特約店ガイド」の冊子が届けられ、日常の買い物などで、どんどん貯まるシステムになっていることを知った。２００ページにわたる冊子には、旅行、

宿泊、レストランはもとより、生活全般に亘って購入できる物品が紹介されている。ＪＡＬカードのクレジット決済でマイルが貯まるしかけがあり、グアム旅行が目的ではなかったがトライしてみることにした。

その後は筆者の居住地の小松空港から東京へ行くときもマイルを入れることを忘れなかった。ＪＡＬＷＥＢに登録しておき、ネット上から航空券を購入すると自動的に貯まり、マイルの現在高や、いろんな情報が見られる。そのなかで、マイルを能率的に貯める方法が少しずつわかってきた。日常の買い物でもＪＡＬカードでクレジット購入をすれば、どんどん貯まっていく。

それでは飛行機に搭乗する場合、最低はどれだけのマイルが要るのだろう。目標をたてておかないとチャレンジも気が揺らぐ。例えば筆者地元の小松空港から羽田空港往復では通常期で1万2000マイルである。ところが特典期間が設けられていてもっと少ないマイル数で利用できる。今回のグアム旅行は、12月からの特典期間を利用したものであったが、最初から目的地をおいたわけではない。調べれば調べるほどマイルが貯まる仕組みが多くあることがわかってきた。生活費の電気代、電話料、新聞代、ＮＨＫ受信料、これらをＪＡＬカード決済にすればよい。これだけで年間5000マイルぐらいはあるだろう。

◆いよいよ国際線ネット手配開始

国内旅行の際もネット手配にしてJR運賃も航空機もホテル宿泊もすべて、JALカード決済にした。妻と合算して3万マイルを超えた。これだけで行けるところは何処だろう。やがて旅行先の選択がはじまった。

国際線のディスカウント期間に目標をおいた。3万マイル(一人分1万5000マイル)までを使って利用できる区間をネットで調べると次のようであった。

最低1万2000マイルで日本・ソウル往復。1万5000マイルだと日本と中国各地、マニラ、グアムがカバーできる。それで簡単にグアムに決定した。私はグアムは経験しているが、妻は中国やマニラは行きたくない、というのでグアムに決まった。

冬場のディスカウント期間中のeチケット取得は、11月1日から、ネットで申し込みがはじまる。多分座席数に枠があるに違いない。と思いながら、初日の午後ネットを開いた。

経路は小松・グアム往復という形である。自動的に成田経由になり、国内線もマイルに含まれるから得策である。関西国際空港・中部日本空港からはJAL直行便はなく、ここを起点にしても、結局成田経由になった。

成田からグアムへは2便ある。一つは深夜便、夜遅く出発して真夜中にグアム着となる。これははじめから省いた。もうひとつは午前10時成田発、これだと成田前泊が要る。東京都内泊は早朝出発となりきつい。帰りも深夜便を除いたので、成田後泊で計画した。グアム泊、全行程は国内宿泊も含めて4泊5日の旅行となった。

すでに希望の日と便は埋まっていた。次々とこちらの条件を勘案しながら検索する。国内小松・羽田間は希望の便でよいが成田・羽田間移動は24時間以内という条件がある。小松成田間の便は他社のため利用できない。ようやく決定したのは次のようになった。

（往）	12月16日	小松発	13時35分	羽田着	14時40分
	12月17日	成田発	10時	グアム着	14時35分
（復）	12月19日	グアム発	16時10分	成田着	19時
	12月20日	羽田発	11時15分	小松着	12時

便選択が終わったら、ネットからの指示で次の手順で手続きを続行する。全4便の座席指定、お客様情報入力、支払い（JALカード決済）、画面確認、最後に決定のENTERキーを押す。最も緊張する瞬間である。

続いて【eチケットお客様控え】が画面に現れ、印刷を促す指示が出る。【eチケットお客様控え】は搭乗手続きの際、搭乗券をもらう時に必要な書類である。印刷は複数枚できるので、最近は予備としても持参するようになった。

グアムの宿泊ホテルについても、続けて予約すれば、マイルが貯まるように画面から指示がある。1カ月以上も先のことであり、後日検討することにした。

◆ホテル予約もネットから

11月1日に航空機の予約が終わり、ホテル予約は保留になっていた。12月に入りようやくホテル選択をはじめた。やはりＪＡＬＷＥＢのネットからにしよう。

予約サイトは【ＪＡＬＨＯＴＥＬＳ】を含めて日本国内7社ある。グアムのホテルは画面だけで１０４件のホテルリストが現れ、予約サイト、ホテル名、ランク、宿泊料目安が一覧となっている。ネット手配で、こんなに多いとホテルの選択に迷う。

最高級ホテル、いわゆる五つ星ホテルはいずれも中心から離れたところにあるので省くことにした。ややグアムの中心でタモン湾に面したオーシャンビューのよい条件に落ち着いた。『ホテル・リゾート・グアム』という名のまあまあのホテル。

二、グアムの横井ケーブへ

◆先ずはタクシー料金交渉から

グアム滞在最後の日。短い旅行期間だけに時間を有効に使いたい。

帰りの飛行機の出発時間は、16時10分、それまでの過ごし方として、選んだのが横井ケーブ（横井洞穴）の見学。

横井庄一さんが終戦も知らず28年間も潜んでいた洞窟とグアムの名勝「タロフォフォの滝」をセットにしたパンフレットをホテルの観光デスクで見つけたので妻と訪れてみることにした。

島内のツアーにはないので、タクシーで回らなければならない。朝8時、食堂でのバイキング朝食が終わって、ホテル内のタクシー案内デスクで交渉をはじめた。

「横井ケーブ？」と言って地図で指を指すと、デスクの手配係は、

「時間は何時出発？」と、流暢な日本語で返ってきたので先ず安心。

時間よりもタクシー料金が気になっていたので、日本語を話せれば都合がよい。係は日本へは何度も来ているとのこと、旅行関係業者のようである。この日も日本へ向かって午前中に出発するという。

「それで横井ケーブ往復でいくらですか？」と尋ねた。

長い距離の場合はタクシーに乗る前に料金の交渉をすることと、ガイドブックにも書いてある。

「150ドルでどうでしょうか？」と係は言った。

「100ドルにしてください」と値切ってみた。

「はい、100ドルでOKです」

すんなりと決まったのは意外であった。タクシー手配係は、午前中に日本へ行くというので、あまり時間をかけたくないようであった。

すぐ近くのロビー（タクシー運転手のたまり場？）にいた運転手を大声で呼んでから、私に「出発は何時ですか？」と聞いた。

「9時30分出発でお願いします……」というと手配係は私たちを運転手に紹介してから、時間と行き先、料金の再確認をしたようだ。

◆ホテルの部屋を延長交渉

ホテルの部屋のチェックアウトの時間も気になった。帰る日だから、常識的には午前中である。

荷物も置いて手軽な軽装で行きたいのと、帰ってからも、空港へ行くまでの時間があるので、ホテルで過ごしたい。

ホテルのフロントへ行き、部屋の番号を言って、チェックアウトの時間を尋ねた。

「チェックアウトは？」

「12時までです」

10時頃かと思っていたので、まあよかった。

「これから横井ケーブへ行き、12時過ぎにホテルへ到着して、それから帰る準備をするので、もう少し延長していただけませんか？」

「じゃ、午後2時までOKです」追加料金も気になり、

「ルームチャージは？」

「いりませんよ」

ああよかった。荷物は部屋に置いて軽装でいけるし、ちょっと休んでから空港へ行ける。

ホテルへ帰ってからのことを、先に言っておくと、横井ケーブ観光は予定通り3時間、12時30分頃ホテルへ帰ることができた。お昼はホテル内のコンビニでパンと飲み物を買って部屋で済ませてしまった。

◆タクシーに乗って

約束の出発時間が近付いたので余裕を持って早めに「タクシー案内デスク」まで行く。ホテルのロビーは2階にあり、階段を降りた1階がタクシーの乗り場で、案内デスクもある。ロビー玄関へはスロープで上へあがるようになっているのでフロントは2階である。

前日もここからDFS（免税店）まで無料タクシーに乗った。ただ無料なので、免税店に入店する義務はある。ただし免税品を購入する義務はなく、運転手はDFSまで乗せて行くだけで、店から運賃がバックされる。この盲点を利用させてもらったが、前日の島内ツアー申し込みをした時のデスクの入れ知恵でもあった。

タクシー手配係は、私たちを見つけると運転手を手招きして呼び寄せ、

「運転手は日本語を話せますから」と言った。

ポリネシア系の肌がやや黒い青年風であった。

「自動車を用意しますから、待っていてください」と言って離れていった。

やがて、

「では、こちらへどうぞ」と言って自動車を止めてある場所へ案内してくれた。

外気は9時30分ともなると、日本の真夏と同じである。直射日光はとても暑い、ホテルの建

物の陰をたどって自動車のそばまで行く。

自動車の内部は割とゆったりしている。私は後部座席の右側に、妻は左側に座る。運転は左ハンドルなので右側はフロントガラスを通して前方が開け撮影しやすい。タクシーなのに外観は表示がないが、メーターはちゃんと付いていた。

タクシーは日本と違って、メーターが付いているのといないのとある。空港へ着いてからホテルまでタクシーに乗った時、空港のタクシー案内係が手配したものにはメーターはなかった。それでホテル前で降りるとき「ハウマッチ？」と聞くと「フィフティーン」と返ったので紙幣で15ドルを渡した。ガイドブックではチップを含めて渡すのが常識のように書いてあったが、忘れてしまっていた。約15％が相場のようだから、2ドルをプラスすればよかったが、運転手は紙幣をわしづかみにして何も言わずに去って行った。空港からは3キロぐらいの距離だから、日本に比べて高いように思った。15ドルのなかにチップも含まれていたのかも知れない。


余談が続いたが横井ケーブへ向かって、気になっていたメーターがガチャンとセットされ自動車はすべるように発車した。

「横井ケーブまで1時間ぐらいです」

炎天下でやや渋滞している。

「今日はまだ車は少ない方ですよ」

車内は程よいエアコンが効いていた。

◆運転手の奥さんは日本人

運転手は自分の家族のことを話し始めた。別にこちらから尋ねたわけでもないが、ぽつりと話した。

「私の奥さんは日本人です」

「えーそうなんですか」

外国人はよく自分の妻のことを奥さんというが、日本人同士だったら笑うだろう。これまでも海外旅行では、こんな会話はよく聞いているので、別に違和感はない。最近はテレビに登場する外国人も使っているから、彼らにとっては一般的な言い方となってきたのではないか。妻とか家内とかは使いにくいのだろう。奥というのもなおさらのことであり、奥さんはもはや敬称ではなく、妻と同格の呼称と言える。

「ああ、そうですか。それで日本語が上手なのですね」

「実はグアム大学の日本語学科を卒業したのです」

グアムでは、多く訪れる日本人のために日本語に力を入れているのだと察した。

こちらから聞かないのに運転手は、

「奥さんとは日本語の先生の紹介で知り合いました」

「ああそうですか」

一方的な話に相槌を打つばかり。なおも話が続く。

「子どもが一人います」たぶん話をしたかったのであろう。更に続けて、

「奥さんはいま……」と、腹を膨らませるような手つきを示した。つまり妊娠中だという。片手運転なのでハラハラする。

「あ、それは、おめでとうございます」

「時々日本へ行きます。奥さんの生まれた家へ……」、やっと妻が話を切り出した。

「日本のどこですか？」

「千葉県です」

「千葉県のどこですか？」

「市川市です」妻は待っていたとばかり一気に話し始めた。

「私も娘が千葉県に嫁いでいて流山市ですが、市川市とは近いですね。娘の旦那の実家が市川

市です」

まだ話が続く。

「私の年は29歳です」風貌は若く見え、それで独身青年と思っていた。

「奥さんは何か仕事をしていますか？」と妻。

「今は家にいます。以前マーケットに勤めていましたが、産休中です。だから私が稼がなければならないのです。日本へ行くお金も要ります。奥さんはやがて出産のため日本へ行きます」

私たちと運転手の距離感（間）が、共通の話題を通して近寄ったのを覚えた。

◆気になるタクシーメーター

賑やかなタモン湾の中心部から、横井ケーブへは島の反対側の東海岸へ向かって横断することになる。そんなに大きな山はなく丘陵地を通り抜ける。そこはもう自動車の渋滞はなく、建物も少ない。

ふとタクシーメーターに目が移った。メーターはどんどん上昇しており気がかりである。すでに80ドルを超えていた。これでいくと片道だけで150ドルを超える。往復でざっと300ドルぐらいだ。思い切って尋ねた。

「タクシーメーターがどんどん上がっていますが、メーターで払うのですか？」

タクシー手配係とは、貸切り料金を話して決めていたが、運転手とは確認をとっていなかった。乗る前にきちんと話をしておくべきだった。

「貸切りですから、料金は同じです」

「往復で100ドルですね」と念を押した。

「はい、メーターは動かしておかないと、ペナルティがあります」

つまり営業車だから検問があった時、メーターが動作してないと罰金が課せられるという。とすればタクシーには貸切りという制度はないのだろうか。ひょっとして違反承知で走らせていることになる。貸切りはワゴンタイプの自動車に限定されているのかも知れない。空港からホテルの場合もメーターなしであったが、ワゴン車に近い箱型タイプであった。これ以上は詮索しないでおこう。

丘陵を通り抜けると、パゴ湾が見えてくる。西海岸のハガニア湾と東海岸のここが南北に長い島のくびれた部分になっている。目的地へは半分ぐらいで30分ほど経過した。

◆東海岸を南下

タクシーは東海岸に出る。島を周回する国道4号線を南下して、自動車はタロフォフォ湾を左に見ながら進む。

「タロフォフォ湾といいますが、今から行くタロフォフォ滝からの川がこの湾に流れています。パゴ湾に比べると小さいですがきれいですね」解説が続く。

「この湾には日本軍の軍艦が今でも沈んだままになっています」

「日本軍はここから上陸したのですね」

やがて自動車は国道から分かれて島の奥へと進む。何もない道をひたすら進む。めったに自動車とは出会わない。

自動車は鬱蒼とした大きな竹林へ入る。

「竹藪がありますね？」

「竹は戦争中に日本軍が植えたものです」

「日本から移植したのですか？」

「はい、気温も高いから成長もはやいのですぐ大きくなったものです。いまではグアム全土にわたってあちらこちらに竹が茂っています」

「横井ケーブも写真でみるとまわりに竹が茂っていますね」

「ケーブも竹の根で崩れることがなかったのですよ」

運転手は入場料のことを話した。

「滝公園の入場料は一人20ドルです。村の経営ですが、前は10ドルだったのに倍にして。これでは高いと思いますよ。最近あまり人が来ないので、経営難で値上げしたそうです」

「入場料をあげると、ますます人は入らないのでは……」

「休みの日だけは家族連れが少し入るようです。でも平日は殆ど人の姿は見えません」

「日本人は？」

「日本の方もたまにね」

「私達のように戦争時代の経験者はあまりグアムに来ないから。若い人はもっぱらマリンスポーツに興味を持っているからでしょう」

◆タロフォフォ滝公園到着

やがて「タロフォフォ滝公園」のゲート前に10時20分到着。ホテルから50分かかった。タクシーメーターは１６５ドル。いかめしい塀のような建物の前は広場になっており駐車場のようである。
自動車を降りて、運転手は早足にチケット売り場の窓口へ行き、何やら話している。私たちも近付くと運転手は
「60ドルお願いします」と言った。
「ああ、３人分ですか？」

「私がガイドしますので、私の分もお願いします」と言ったので60ドルを渡した。運転手が窓口でお金を渡すと入場チケット2枚と案内パンフレットが運転手へ渡され、そのまま私たちの手元へ。運転手のチケットは見ることはなかった。おそらくガイド料名目で運転手のポケットへ入ったに違いない。こんなところで、これ以上詮索はする気もない。

パンフレットを見ると日本人と韓国人向けの文字で書いてある。滝公園がイラストで描かれ、「タロフォフォ滝公園」がパンフレットのタイトル。園内にある横井ケーブは、小さな写真で紹介してあるだけで単なる付加物のようである。

パンフレットの内容も子どもの遊具を多く入れたパノラマのイラストが目立ち、誌面の多くを割いている。土地の家族連れが一日かけて遊ぶところのようで、日本人観光客にはなじまない。だから観光ツアーからは除かれているのではなかろうか。公園内は全体的に古くさびれた感じがする。一昔前の日本の田舎のテーマパークの匂

いがプンプンしている。

それでもゲートから入った展示室には、横井ケーブの断面の大きなレリーフが展示してあった。ここで見学の予備資料としてゆっくりと観察して記憶しておく。

◆ミクロネシア唯一のケーブルカー

運転手の案内で、展示室を出てケーブルカーの乗場へ向かって歩く。ここからは運転手といわないでガイドということにする。

まわりは遊園地の乗り物が並ぶ。子どもの電車、回転カップ、回転椅子、子ども自動車、お化け屋敷など一通りの遊具がある。しかし動いている乗り物は全く見られない。もちろんお客さんがいないからである。

突然、パーンという銃声が聞こえる。

「あっ、あれは？」

「近くの野外射撃場でお客さんが撃っているのです」

「横井ケーブの効果音演出かと思った」

「やってみますか？」

「いや、結構です。関心がありませんので」

一発だけかと思っていたら、またパーン、パーン、パーンと3発続けて聞こえ、振動が胸に響くような、いやな感じであった。私たちを見て、誘いの空砲を撃ったのではないか。射撃場の係が運転手に声をかけてきた。たぶん次のような会話と推察する。

『銃を撃ってみませんか？』

『いや、これからケーブルカーに乗りますので』ガイドは手で断るふりをした。

こんな場所を早く通り抜けたい。流れ弾でも当てられたら大変だ。私たちは逃避行のように自然と足早になった。

ケーブルカー乗り場へ到着した。パンフレットはケーブルカーと表記、と見ると日本で言うロープウェーであった。

ケーブルカーの意味は電子辞書の広辞苑で調べると〝軌道に沿って移動する鋼索によって運転する鉄道。俗にロープウェーを含めることがある〟となっており、ケーブルカーの意味は間違いではない。日本ではケーブルカーとロープウェーはきちんと区別されている。

ついでロープウェーを電子辞書で調べると〝鋼索で運搬器を吊るし、旅客、貨物、鉱石などを運搬する設備。主に山岳地方で用いる〟とある。もう一つ電子辞書で鋼索を調べると〝針金をよりあわせて作った綱。ワイヤーロープ〟と記述してある。電子辞書で勉強になった。

そのロープウェーだが動いていない。お客さんがいないからなのだが、ガイドがロープウェーの係に、これから乗るからと告げると、やっと鋼索がガラガラと音を立てて回り出した。

観光のメインであるタロフォフォ滝と横井ケーブへは歩いても行けるらしいが、かなりの距離であり通常はロープウェーに乗らなければならない。

４人乗りのゴンドラはミクロネシアで唯一のロープウェーというキャッチフレーズ。そのゴンドラに乗るとなかは狭く向かい合わせで４人が定員である。それにゴンドラは2基しかなく、これだけでお客さんを運ぶのにフル活動している。子どもの遊具の延長のようにしか見えないお粗末なロープウェーである。

ロープウェーが動き始めた。ゴンドラは下へ向かって動いている。日本ではロープウェーは高いところへ登るのが目的だが、低いところへの移動ははじめての経験である。動き始めた時は周りに木があったが、やがて視界が広がりジャングルの樹海を見下ろすようにゴンドラは進んで行った。

ゴンドラは冷房が付いていなく、窓も閉まっているので暑い。その代わりゴンドラ内に小型のうちわが４本ぶら下がっていた。向かいあわせで座っていた妻は、手にとってばたばたとあおいでいる。

うちわを使っても、熱い空気を動かすだけで涼しくならない、と思っている間に、５分ぐらいで細いタロフォフォ川が現れる。やがて第1の滝、第2の滝が見え、ゴンドラは3段目の滝の上のところで止まった。

◆日本の滝とは幅も落差も異なる

ロープウェーを降り、第3の滝を右に見て下へ降りて滝を見上げる。目の前で大きなしぶきをあげて流れ落ちている。

高さが9メートル、幅が20メートルある。高さは少し足りず、豪快さに欠けるといえる。しかし淡路島ほどのこのグアムで、これだけの滝が見られるのは珍しいという。

「川には魚がいっぱい泳いでいます。明日は日曜日なので釣りをする人たちがたくさん来ますよ。ヨコイさんもここで魚を獲ったのです」とガイドが言った。

川には吊り橋が2カ所にかけられて、横井ケーブへは行きと帰りは別々の吊り橋を渡ることになる。揺れる吊り橋を渡りながら対岸へ渡る、吊り橋からは第3の滝の真正面

の姿が見られる。

向こう岸に着くと、飲み物や土産品などを売っている売店があり、その横には横井さんの資料を展示した小さな歴史記念館があった。

特に注目を引くのは自製の衣服類や飯ごうの展示である。葉っぱの繊維を紡いで作ったと思われる立派な衣服には驚かされる。彼はもともと洋服の仕立て屋さんだったので衣服を作るのは得意だったのだろう。傷んだ飯ごうが今でも当時の様子を生々しく物語っている。

歴史記念館の左手からは、「横井ケーブ」への通路があり、山道を３００メートルほど歩くと着けるらしい。ゆるやかな下り坂をガイドの後についていく。滝から離れて進むと川は左眼下に見える。

「この川は魚がたくさん獲れます。横井さんも毎日魚をつかみに行ったことでしょう」

緑色をしたバナナがあちらこちらにぶら下がっている。

「バナナがたくさん成るので、食べ物には不自由しなかったそうです」

お粗末な遊歩道だが、竹で作った手すりもある。竹はところどころ密生している。我々３人

以外に人はいない。うす暗く一人では怖く感じる道だ。

歩くこと5分で、バス停のちょっと大きいぐらいの小屋があった。一応、雨宿り用休憩所のようで、中にはケーブの断面図と写真が掲示してあった。

「ここから20メートル下がったところが横井ケーブです」と、ガイドが言った。

小屋の掲示物は後で見ることにして、早くケーブの場所へ行ってみたい。再び緩やかな下り道を歩く。この瞬間のためにグアムの奥深くへ入ってきたのだ。

そこには、日本語で《このどうくつに入ってはいけません。》と看板に書かれてあった。何故か《て》が《**で**》になっている。故意か、間違いか、よくわからない。

入り口は竹でふたをしてある。入れないのは残念だが、とても入れるような代物ではない。覗き込んでも内部の様子は暗くてよくわからない。雨が降ったらどうなるのだろう。今は恐らく埋まっているのではと考えられる。

「空気を吸うのに竹を下まで通してあります」とガイドの言う

方角をみると、太い竹がさしてある。

これは見せかけではないのか。洞窟の上は竹やぶで覆われ1本だけが2メートルぐらいの高さで切ってあったので分かった。

横井さんは夜になったら洞窟の中で火を焚き、竹の煙突を通して中から煙を出すようにしており、通風口と煙突の共用のようだ。これだったら昼に煙突を見つけられる事もなさそうである。

◆風化させないため横井さんの事

横井庄一さんは戦争当時、食料・弾薬を運搬する部隊にいた。1944（昭和19）年、米軍がグアム島に上陸してきた。圧倒的な米軍の兵器の前に日本軍は敗走。2万人いた兵力は3000人となり戦闘継続は困難な状況であった。

投降を呼びかける米軍に、当時の指揮官である佐藤少佐は、これを受け入れる。しかし横井さんの部隊には投降命令が伝わってこなかった。横井さんは2人の部下とジャングルの奥深くに潜んだ。

ジャングルの中にかくれてから戦友も亡くなり、ついに1人で耐えてきたという。いっそ自殺を考えたこともあったらしいが、とにかく1人で生き抜いたということは素晴らしいことだ。

帰国を果たした横井さんは、記者会見で『終戦は、米軍が落とした宣伝ビラで知っていた。出て行ったら殺されると思って恐くて出られなかった。戦中は、生きて虜囚のはずかしめを受けずと洗脳されていた』と言っていた。日本の兵隊さんとしては無理もない。日本に帰国した横井さんは、31年ぶりの３４０万７４０４人目の復員者であった。２万人もの日本兵が玉砕したグアム島で、自分だけ生命を永らえたという後ろめたさに生涯さいなまれたという。

日航臨時便で31年ぶりに日本に帰国した時、記者会見で「恥ずかしながら生きて帰ってまいりました」の第一声は当時の流行語となった。その2年後にルバング島で、小野田寛郎元陸軍少尉が発見され帰国。戦後の問題は、まだ解決していないことを改めて国民は知った。

質素な生活から人々は急激に豊かな生活を経験し気分がたるんどる！ ということで、横井さんに講演を依頼して耐乏生活の話をしてもらうイベントが引きもきらなかった。

自伝を執筆して刊行すると、これがベストセラーとなった。耐乏生活評論家は多忙を極めた。そしてついには参議院選にも出馬したが、残念ながらこれは落選してしまう。しみじみ言った言葉は『ジャングルにいた28年間は実に気楽だった。現地人とアメリカ人に気をつけていれば人に頼らんで苦労なかった。選挙となると1人じゃできない』

横井さんは晩年、病気がちになりだいぶ苦しんだらしい。何しろ永いジャングル生活で無理があったのだろう。１９８５年胃ガンの手術をしたが、その後パーキンソン病にかかってしまう。そして１９９７年９月22日、数奇な運命をたどった横井さんは逝った。

◆蚊の大群に見学もそこそこ

「顔から血が！」

ガイドの声に、顔に手を当てると、手に血がついている。

「ここにも」

と言われて、別の顔の部分に手を当てると、やはり血が……。顔や露出している腕に向かって蚊の大群だ。

「やあ！　すごい！　さあ、戻ろう」

横井ケーブで蚊の大群に襲われ早々にひきあげることにした。

ガイドの誘導でもと来た道を歩く。

「バナナがたくさんなっていますね」とガイドが指さす方を見る。

よく見ないと葉も実も緑色でわかりにくい。日本で売っている黄色のバナナとは違う。

「あっ、ほんとうだ。横井さんはバナナを存分に食べることができたのだね」

魚や植物の実でまわりは食材であふれている。温暖な気候で生活しやすかったに違いない。

ハワイもグアムも今は若いカップルや家族連れの人たちがエンジョイできるオアシスとなっている。殆どの旅行者はショッピングと海遊びが主であろう。

グアムという島の名さえあまり人が知らなかった頃、終戦を知らずに28年もの永い間のジャングル逃亡生活からヒョッコリ日本に帰ってきた横井庄一さんであった。

グアムの観光とは違った一面をみるには、横井ケーブは興味ある場所かもしれない。この場所から見える眺めは、本当に今のグアムにいるのか疑ってしまうほどの大ジャングルであった。グアムのビーチからは想像できない異世界がここには存在している。

じめじめとした洞窟の中での生活がどれほど耐え難いものであったのかを感じさせられる。ましてこのような環境のなか一人で生活していたことは、信じ難いとしか言いようがない。

◆格安で能率的なタクシー貸切り

9時30分にホテルをタクシーで出発して1時間でタロフォフォ公園に到着、公園内はちょうど1時間滞在した。11時30分に公園を出発して、ホテルまでは行きとほぼ同じルートを1時間で到着。

ホテルのあるタモンは、やはりグアムの中心で一番賑やかなところであることは、島の南部へのドライブでよく理解できた。ただ途中で開発中の巨大リゾートが目に付いた。なんでも日本の資本だそうである。

タクシーを降りて、契約の100ドルを渡す。ついでにチップを日本円で千円札を渡した。奥さんが日本人でたびたび日本へ行くことを聞いていたので、日本円でも間に合うわけである。ドライバーは恐縮して受け取っていた。

タクシーメーターは出発してから連続して動作していた。なんと最後に350ドルを示している。それにしても大幅にディスカウントしてくれた。ガイドブックによれば、タクシーに乗る前に行き先と料金を決めるようにと書いてあったので、その通り実行したが、かなり得をしたようだ。ホテルの部屋は午後2時まで延長をお願いしてあったので、ホテル内のコンビニでパンと飲み物を買って簡単にすませた。

帰りの飛行機はグアム発16時10分（日本時間では15時10分）の予約である。14時ぎりぎりにホテルを出ても充分間に合う。フロントで精算をすませる。精算と言ってもホテル内の食事だけである。朝食は宿泊代に含まれており、ネット経由で前払いになっている。夕食2回分をカード決済する。

◆グアム空港へタクシー代値切る

ホテルのタクシー案内所へ行く。ここでタクシーを頼んだのは3度目である。毎回、受付の係は違う。日本と違って流しのタクシーはないので、ここで交渉して乗るより仕方がない。料金を決めて乗るのが鉄則である。

「空港までタクシーいくらでやってもらえる？」

「25ドル」の返答。

これは高い。実は空港へ到着した時は、別に値段の交渉をしたわけでなかったが、空港のタクシー案内所が手配した車に乗り、ホテルで降りるときは15ドル請求されて、そのまま払った。頭の中には前例があるから、

「25ドルは高い。空港からホテルまでは15ドルだった」

「では、20ドルにする」と言ってきた。

「いや15ドルならOKだ」と言うと、タクシー受付係は、ドライバーを手招きして呼び寄せた。タクシー係はドライバーに15ドルでとお客さんが言っている、と告げたようだ。ドライバーは私の方へ向いて、指を2本立てて20ドルと示した。

今度は私とドライバーの駆け引きがはじまった。20ドル、15ドルの膠着した駆け引きでお互いに疲れた。どちらからともなく交渉決裂との雰囲気であった。もういい、こちらも相手側も

あきらめ顔であるような素振り……。ドライバーは15ドルで十分採算は合うはず、少しでも稼げる時に稼いだ方がよいはず。飛行機が出発するまでは2時間近くあり、時間に少しは余裕がある。

前に、一人でグアムに来た時、空港から中心街のタモンまで歩いた経験がある。直線距離だと目の前のようで、ホテルからは丘の上にある空港のアンテナが見える。道路はぐるりとまわっているものの3キロメートルぐらい、タクシーメーターだと基本料金に少しプラスするだけ、日本では15ドルは絶対高い。一人旅だと歩いたかもしれない。どれだけ沈黙の時間が経過したことだろう。折れたのはドライバーの方からだった。

「15ドルOK！」ドライバーは手招きして車のあるところを案内してくれた。顔も険相な表情からにこやかになった。

空港へはあっという間、10分はかからない。到着するとドライバーは降りて、さっとドアをあけた。15ドルを渡すと、日本語で「ありがとう」と丁重な挨拶をした。

一般の方がグアム旅行をする目的とは価値観も異なっており、早回りであったが自分なりに満足であった。

妻には日数が少ないことが不満であったようだ。しかし駆け足旅行のなかでも、横井ケーブはインパクトが大きかった。戦争を知らない若い人たちにグアム旅行で是非訪れて欲しいところ。戦争の悲惨さを風化させないために知っていて欲しいスポットのひとつであることは確かだ。

はじめてのニューヨーク体験

一、旅行計画はネット手配が常套手段

◆ニューヨークへネット手配の手順は

ニューヨーク行きJAL直行便は成田、羽田発しかない。羽田発は深夜出発であり、今回は成田発に絞った。しかしお昼頃成田発だから、前泊をしなければならない。小松からは成田行きが2便あるがANAのためJALのコースには入らない。

【目的地を選ぶ】では、世界地図上で10カ所に分けられ（　）内にコース件数も表示されている。ニューヨークへ進むには、【アメリカ・カナダ（1万1857通り）】から入る。次いで【アメリカ（1万532通り）】→【ニューヨーク（2499通り）】のコースが現れる。次は【予算・旅行日数で絞り込む】で旅行日数である。ニューヨークは5日間～9日間の範囲で、予算で選択する。

また座席は最初からプレミアムエコノミーと決めており、エコノミーよりは10万円ほど高い

ことから、予算は30万円台、40万円以上とし、旅行日数は5日間に絞りこんだ。更に出発地を成田とし、出発日を設定し、ホテルの選択ではヒルトン・ニューヨークで絞り込む。これでかなり件数も減ってくるであろう。当時の記録は残っていないが、後日記述中にパソコンでシミュレーションしてみると6件のコースがあった。

私が選択したコース名は〝往復JALプレミアムエコノミーで行く／ニューヨーク6日間ヒルトン・ニューヨーク（エグゼクティブルーム／39階以上のお部屋）〟という長いコース名。どれも長いコース名がついている。コース名を読むだけで内容が把握できる配慮かも知れない。パラオへ行った時は〝大自然の楽園パラオまで直行便で4時間半！　JALチャーター直行便で行く！　パラオ5日間パレイシアホテルパラオ〟という長いコース名であった。行き先、日数、ホテル名が必ず入っている。内容を凝縮して選択しやすいキャッチコピーともいえる。

コースが決まれば、後は正式申し込みとなる。ツアーの詳細が画面に現れると【空席待可】であった。ただ次のコメントがある。〝現在このツアーの空席はありませんが、予約待ちでよろしければ、お申し込みいただけます。〟となっており、〝JALeトラベルプラザ〟（ネット代理店）へ空席待ち2名参加で申し込んだのが5月13日（出発6月14日）。以後はeメールや、【マイページ】内メッセージボードでのやりとりとなる。その中から主なものを拾ってみると、

5月13日　ビザ取得、パスポート残存有効期限に関するお知らせ
5月17日　予約確保のご連絡とお支払いのお願い（クレジット決済で支払う）
同　日　プレミアムエコノミー座席指定（往路20FG　復路19EF）
並び席であるが、やや不満であった。
同　日　ESTA（米国電子渡航認証システム）のご案内
5月21日　追加手配申し込みの受付
小松・成田往復手配2名分を申し込む（追加　2万2680円）
5月27日　日程表の発送お知らせ
郵送で届く　小松→成田への時間変更を要望する。
日程表は、訂正版を後日再発行と連絡あり。
6月10日　旅行日程表発送の案内
6月26日　サンクスメール　帰国後に届く

◆プレミアムエコノミーへの拘《こだわ》り

これまで海外旅行では数回ビジネスクラスを利用した。長時間のフライトはエコノミーでは疲労も大きく、到着してから時差の影響で日常体へのシフトに苦労する。長時間のフライトで

は、十分睡眠をとることが肝要、というもののエコノミークラスではどうしても睡眠不足になる。ニューヨークへは成田空港から13時間以上はかかる。エコノミーでは疲れること必至だ。

ビジネスクラスは、通常のツアー料金に比べて、航空会社や季節によって異なるがニューヨーク往復で30〜50万円プラスが相場のようである。それで日本の航空会社が、国際線にビジネスとエコノミーの中間グレードとしてプレミアムエコノミーというシートを設けている。各旅行会社のツアーでは10万円ほどの追加料金のようである。

プレミアムエコノミーはどんなものなのか。シートの幅も少し広い。またいろいろなサービスもある。前席との間隔も広いようだ。

JALホームページにはプレミアムエコノミーは別名《JAL SKY SHELL SEAT》として紹介している。そのキャッチコピーが『もっと気軽に、さらに快適な空へ。シェル型の《JALスカイシェルシート》が、今までにないくつろぎへお連れします』と記述されている。海外旅行はこれに限ると前から考えていた。

座席後方をシェル（貝）型にして、座席を前方にスライドすることでリクライニングする機構で、前方座席が倒れてくることがなく、自分のスペースが確保できる。簡単に言えばリクライニングしても、前席も後席も影響がないということである。

エンターテインメントも充実。全席にオーディオ・ビデオなど機内エンターテインメントシステムが装備され、多彩なプログラムを視聴できるようになっている。

旅行確定後に、パソコン上メッセージボードに《プレミアムエコノミー座席指定》の連絡が入った。往路20ＦとＧ、復路19ＥとＦである。早速該当機種のマップシートをしらべた。マップシートとは、飛行機の座席配置図と座席番号のことである。座席番号は進行方向に向かって左側から、アルファベット順で、前方からは連番になっている。マップシートもＪＡＬのホームページに出ていた。前方からファーストクラス、ビジネスクラス、続いてプレミアムエコノミーシート。後部はエコノミークラスで、プレミアムエコノミーは中央からやや後ろのようである。

シートは左側から横に二席（ＡＣ）・中央が四席（ＤＥＦＧ）・二席（ＨＫ）の配列になっており、ＢとＩとＪは欠番である。往路ＦとＧということは右側通路を挟んで並び席だから、まあまあ。出来れば窓側2席を欲しいところだが、自分で選べないことや申し込みが遅かったせいと思う。出発72時間前からはネットで変更可能となっている。実際出発72時間前にシートマップを開いてみると飛び飛び一席ずつはあるが並び席へは変更不可能であった。

帰路が最悪、ＥとＦである。四席並びの間になる。いかにプレミアムエコノミーといえども、あのキャッチコピー〝もっと気軽に、さらに快適な空へ。今までにないくつろぎへ〞が、どうなんだろう。出発する前から帰路が憂鬱になる。国内線の短いフライトなら別に問題もないが、国際線の場合は時間が長い。ニューヨーク線では13時間。全行程昼間でも窓を閉めて夜間環境を作り殆どの乗客が就寝する。トイレへ行くには、どうしても通路側の他人を起こして、時には一度立ってもらい通路へ出なければならない。戻ってからも同じである。

JALホームページのメッセージボードで、通路側が含まれる並び席にならないか、を訊ねたが、答えは予想通りであった。帰りの空港で、チェックインの際、聞いてみるのも一つの方法と、回答があったが……。帰路はやはり満席であった。いかに、〝プレミアムエコノミー〟でも座席の位置により格段の差があることは確かだ。

二、ニューヨークへ第一歩

◆ランドオペレーター加藤氏

ランドオペレーター（現地で世話をする旅行社）は〝キューインターナショナル〟という。この会社の従業員は日本人ばかりのようである。今回の旅行では、空港ホテル間の送迎だけで他には契約をしてない。

空港へ到着してからは、この旅行社がヒルトンホテル宿泊客だけを集めて会社のワゴン車で送る。空港到着後は一連の手続きを自分達で行う入国審査、手荷物受取、税関申告の後、ランドオペレーターの出迎えがある。【ＪＭＢツアー】というボードが目印である。多くの迎えの人がいるなか、すぐ眼に入った。ボードを持っているのではなくスタンドに固定してあった。送迎客のリストであろうか印刷物を手に持って男性が立っている。ボードを見つけたぞ、と眺めながらそばへ近づくと、

「岡野さんですか？」と声をかけられた。とっさに自分の名前を言われたのは意外であった。

「はい、岡野です。よろしくお願いします」

どうして名前がわかるのだろう。後でわかったが、ワゴン車に乗るグループの構成から簡単に推測できる。３グループなので、私たち夫婦と若いカップル、他に三人グループであった。

「みんな揃うまで、待っていてください。私が送るのではなく運転は別の人がします」

この男性は、次々と到着する客をまとめて、運転手に渡す役割なのかも知れない。運転手が別の仕事中なので、その間代役を務めているのではないか。

やがて客も揃い、運転手がやってきた。運転手は、

「加藤と申します。よろしくお願いします」

確認の点呼がはじまった。加藤氏は、

「一番先頭に停まっているワゴン車ですから。私の後について来てください」

空港ターミナルを出ると、多くの迎えのバスやワゴン車が並んでいる。六月の中頃は日本の

気候と似ている。気温は25度ぐらい。そんなには暑くない。実はニューヨークの気温を心配していた。世界各地の天候はほぼリアルタイムでネットでわかる便利な時代になったものだ。旅行を決めてから時々気温チェックをしていた。以前だと旅行ガイドブックを見て予備調査をしなければならなかった。旅行開始の一週間前は、ニューヨークが30度を超えたという報道があったので心配していた。異常気象は世界的なものだ。その後は平常の天候に戻っていた。

ドライバー兼ガイドの加藤氏は、発車すると間もなく、滞在中の注意をはじめた。

「ここからホテルまでは1時間ぐらいかかります」

時差ボケで少し睡気を催したが、やはり聞き漏らすまいと耳をそばだてる。運転をしながらの説明なので聞いていて、はらはらする。窓外に見える風物の説明、チップの事、地下鉄の乗り方、気温の単位など次々と説明が続く。

「気温は華氏で表しています。こちらの華氏１００度は何度だと思いますか？」と質問を投げかけた。

誰も答える人はいなかったが私は答えはわかっていた。「摂氏では38度です」と答えることを控えた。華氏目盛りはドイツの物理学者ガブリエル・ファーレンハイトが提唱したもので、彼の頭文字をとってF度であらわす。水の沸点を華氏２１２度、水の氷点は華氏32度とし、その間は１８０度に区切られている。加藤氏は続けて、

「換算の方法があります。華氏温度から32を引いて、5倍し9で割って下さい」と言った。

こんなめんどうくさいことができるだろうか。中学校の理科授業を思い出す。しかし旅行中に華氏で表された気温表示は全くなかった。ホテルの窓から見える電光掲示板にはリアルタイムで時刻と気温が表示されていたが、摂氏表示であった。時々窓から見た気温は最高が摂氏25度で朝は10度台であった。

地下鉄の乗り方の説明があった。

「ニューヨーク市内を回るには地下鉄を利用するとよいですよ。何処へ行っても2＄で乗れます。メトロカードが駅で買えますが、10＄5回分で、これを買うと便利です」

旅行中、10＄のプリペイドメトロカードを買ったが、このカードの使い方が難しかった。コツがあるようだ。日本の鉄道の乗り方に比べたらお粗末なシステムであると思った。しかしニューヨークの地下鉄路線は旅行者にとっては解りやすいことも後でわかった。

ドライバー兼ガイドの加藤氏の説明はひっきりなしだ。やがてイーストリバーが見え出した。

「イーストリバーの向こうが、いよいよマンハッタン島です。超高層ビル群が見え出しましたよ」と加藤氏。

見ると遠くにぼーっとビルが寄り添うように林立している。写真でよく見るニューヨークの独特の風景が目に入る。ニューヨークへ来たんだという実感が脳裏を走る。

地震は大丈夫なのか？　日本ではいま大騒動となっているので訊ねた。

「ニューヨークに地震はないのですか？」

「大きな固い岩盤の上にあるからありませんね。だから高層ビルは何十年も前から建っているものばかりです。ちなみに、エンパイア・ステート・ビルは１９３１年に竣工しました。地上１２０階３８１メートルで、電波塔を加えた高さは４４３メートルもあります」

１９３１年といえば、私はまだ生まれておらず、日本では昭和６年。そんな昔に超高層ビルを建てることが出来るなんて、アメリカは昔から優れた技術を持った国と思った。

「地震は本当に全くないのですか？」と聞いた。

「数十年に1回ぐらいはあるそうですよ。私はニューヨークの生活は20年ですが一度も経験はありません。地震があったとしてもせいぜい震度3ぐらいですね」

めったにないらしいが、震度3でも大パニックになるそうである。日本では震度3なんて日常茶飯事である。日本では耐震対策をやかましく言っているが、日本のような耐震基準はなく地震に対しては弱いらしい。テロで貿易センタービルが簡単に崩れたのもひょっとして、このへんの理由が関係しているかも知れない。昨今の世界の地震を見るに、ニューヨークといえども地震がないというジンクスはあてはまらないのではないか。

イーストリバーからいよいよマンハッタン島へ、橋は1階と2階にわかれている。橋を渡ると、急に渋滞となり、ワゴン車はビルの間を巧みに通り抜ける。雑踏の中を相変わらず加藤氏の解説が続く。恐らく、毎日続けていて慣れているのだろう。

◆ヒルトンホテル到着

ヒルトンホテルの前でワゴン車は止まった。駐車するスペースはないので、私たちと他の2グループが下車をすると加藤氏は、

「別の職員がホテルのチェックインをするので、私は車を駐車してから戻ってきます」

と言って、自動車を雑踏の中へ走らせた。旅行社の女性職員が待っていた。

さすが伝統のあるヒルトンホテル。広いロビーは多くの人で混み合っている。

日程表によれば、《チェックインは15時以後になります》と記述してあり、13時過ぎなので、それまでどうしようかと考えていた。女性職員に、

「いますぐチェックインできますか？」と尋ねた。

「フロントで交渉してみますから」

「ではよろしくお願いします」

「はじめにほかのグループの方からはじめますので待っていてください」

私たちは後回しとなった。後回しになった理由は後でわかった。

ヒルトンホテルでもランクが上の扱いであった。コース名が〝往復ＪＡＬプレミアムエコノミーで行く／ニューヨーク６日間ヒルトン・ニューヨーク（エグゼクティブルーム／39階以上のお部屋）〟という長いコース名。ＪＭＢのツアー名はどれも長くなっている。名称のなかには、いろいろな意味が含まれていたのだ。（エグゼクティブルーム／39階以上のお部屋）に意味があった。私達の部屋の番号は４１０４、つまり41階の４号室であり、確かに39階以上なのだ。39階以上は特別な待遇があり38階以下とは隔離している。

旅行社の加藤氏とチェックインの手伝いをした女性は、

「部屋へ案内します。部屋も確認したいので」と言ってエレベータの乗り場に案内した。

エレベータに乗る前に、

「ルームキーを貸してください」と言ったので、私が持っていたキーを渡した。キーといっても磁気を塗布したカードキーである。すると加藤氏はエレベータのところにある、キーのセンサーにあててから41階を押した。

「実は39階以上へ行く時はキーをセンサーにあてないと行けないのです。これで38階以下のお客さんと区別をするのです」

「なるほど！　そうなんだ」

「39階以上のお客さんはラウンジをいつでも利用してもよいのです。部屋を確認してからラウンジへも案内します」

「ああ、そうなんですか！　それは結構なことだ」

チェックインの時、同じワゴン車で来た二つのグループが先にチェックインした理由が理解できた。私達のチェックインを後にして、部屋の案内とラウンジの使い方を教えるためであった。

4104室は広くて窓からの眺めもまあまあ。窓の正面は、目と鼻の先に大きなビルが建っている。左のビルには電光掲示板が常に時刻と気温を示していたので便利であった。気温表示は勿論℃。

部屋を確認してから加藤氏が、

「ラウンジへ案内します」と言ったので、

「それではお願いします」と言って、加藤氏と女性、それに私達の4人が再びエレベータに乗る。41階からの出発だからカードキーはいらない。しかし加藤氏は、

「もう一度、キーを貸してください」と言ったのは何故。

「まだいるのですか？」

「ラウンジへ入る時にいります」

「なるほど、なかなか厳重ですね！」

エレベータを降りて左手の廊下を進む。廊下の突き当たりがラウンジの入り口。ここで、またカードキー。ドアがすーっと開く。ラウンジはかなり広く明るい。客は全くいない。東側と西側は窓が広くとってあり、展望もよい。午後2時半ごろで、やや西日も入り込んでいる。東側の窓からは左側にセントラルパークが見える。

椅子が4脚あるテーブルに腰かける。加藤氏は、

「コーヒーを飲みますか？」

「はい、飲みましょう」というと、加藤氏と女性社員は席を立った。しばらくしてコーヒー4人分とクッキーを持ってきた。飲み物も食べ物もセルフサービスで無料。

「ここはいつでも利用できますよ。朝は朝食をここでとられたらよいと思います。夜もここで食事をされてもよいと思います。料金も要りませんので。ただしセルフサービスですが……」

「じゃあ、なるべくそうします」

旅行社の2人は帰って行ったが、彼らは私のカードキーがないと利用できなく、ラウンジで忙中のひと時を過ごしたようだ。それでチェックインを後回しにしたのだ。

食事なしの旅行契約だったのに一転3食付き。しかし昼は利用できない。もっぱら外部での行動ばかりなので朝と夜は利用しようと思った。

バイキング方式で、朝昼晩の時間帯が決まっている。ホテル滞在中は、朝食だけは毎日利用

した。いわゆるアメリカンブレックファストと言われるパンとコーヒー程度の飲み物であるが、パンの種類は色々であり、果物は必ずバナナと、日本では見たことがない超大粒のイチゴがおいてあった。イチゴを食べるときはナイフとフォークを使わなければならないくらい大きい。

三、市内一日早回り

◆集合場所がおかしい

前日、ホテルで申し込んだニューヨーク一日観光の集合場所へ行く。

ヒルトンホテルからは歩いて10分ぐらい。集合時間は8時45分。集合場所のシェラトンホテルの前に早めに行った。大型バスが止まれるほどのスペースがある。指定された場所に私達が乗車する自動車が来る様子はない。ひっきりなしに市内観光のバスはやってくるが、私たちの乗る自動車は来ないようだ。ここでバスと言わないで自動車と言ったのは、たぶん昨日のワゴン車かと思ったので区別した。

「昨日予約した時は確かシェラトンホテルの前と言っていた」

「うん、加藤さんは確かそう言っていた」

地図を広げて説明していた。シェラトンホテルの前は走行車線から分かれて広くなっているので次から次へとバスもタクシーも止まっては発車していく。

予定の時刻が迫ってくるがいっこうに、その気配はない。

「あっ、あの人達は！」

「昨日、空港から同じワゴン車に乗っていた年配夫婦だ」

こちらも見ないで目の前を通り過ぎて行った。そして横断歩道を渡って、さっさと反対側の歩道へ向かって歩いて行った。ふっと悪い予感がした。

「あれ、あの人達も同じ市内観光でないのかなあ」

「もう予定の8時45分だぞ」

昨日、もらったオプショナルツアーのパンフレットをあわてて見た。それには8時45分ザ・マンハッタンアットタイムズスクエアとなっていた。やっと理解できた。

「さあ、向こうの歩道へ渡ろう」妻を促すように横断歩道を渡った。

昨日、加藤氏から聞いたのは、

「集合場所のザ・マンハッタンアットタイムズスクエアはシェラトンホテルの前です」と言ったのを、〝シェラトンホテルの前です〟が印象深く記憶に残り主語が消えていたのだ。道路を挟んで前ということなのだ。歩道を渡り切ると、女性のガイドが近づいて、

「岡野さんですか？」

「はい、すみません遅れて。シェラトンホテルの前と思っていました」

ワゴン車の運転手は昨日の加藤氏。女性ガイドは初対面であった。乗客は、先ほど目の前を通り過ぎた年配夫婦と新婚カップル。

◆有名劇場が続くブロードウェイ

ワゴン車の一番後ろへ座る。有名劇場が続くブロードウェイを走る。道路は混雑している。さすがニューヨーク一の繁華街だけある。いや、世界一の繁華街だ。

乗車する時、一日観光マップをもらった。簡単なマップ上には、これから回る車窓からの見学も含めて16カ所が記入されてある。有名なところがほとんど網羅されている。

ワゴン車は南下して、すぐタイムズスクエアを車窓から見学する。女性ガイドの解説が入る。

「タイムズスクエアはニューヨーク市内ミッドタウンにある繁華街で交差点の名称です」

建物外壁へのビルボードの設置が実に多い。ガイドの説明が続く。

「世界中の企業の広告や巨大ディスプレイ、ネオンサインや電光看板が多くあり、アメリカのみならず世界の繁華街の代表的風景とも言えます」

世界中から観光客が集まる場所でもあり、ここの交差点は世界の交差点と言われる。タイムズスクエアからワゴン車は北へ向きを変え、ブロードウェイの劇場街を進む。

一般に「ブロードウェイ」という場合は劇場街の意味で使われることが多く、ミュージカルなどが開催されているタイムズスクエア周辺のごく一部を指すことが多い。実際の通りとしてのブロードウェイは20キロメートル以上も南北に続く長い道路であり、劇場のある部分以外は普通の道路である。

マンマ・ミーアの大きな看板が目に入る。

「マンマ・ミーアというミュージカルが大変有名で何年も続いています。なかなかチケットが手に入りにくいですね」

「マンマ・ミーアはイタリア語で、〝私のおかあさん〟という意味です」

ギリシャの小さな島のホテル《サマー・ナイト・シティ・タベルナ》を舞台とした母子家庭の物語。大人から子どもまで楽しめるミュージカルで、世界各地でロングランとなっている。日本では劇団四季のミュージカルとしてロングラン。電通四季劇場の柿落《こけら》としとして上演された。

なお詩の権利を有するＡＢＢＡ（アバ）は、現在に至っても歌詞の翻訳（訳詞）等を原則認めていないが、このミュージカルでは例外として各地の言語に翻訳して上演することを認めている。日本語、ドイツ語、韓国語、ロシア語、中国語等計14言語。

ブロードウェイでの入場料はいくらなのか？　帰国後、ネットで調べてみると、日本でも取り扱っている。時刻、座席にもよるが８４３８円よりとなっていた。円高であり１００＄が相場のようである。旅行中ミュージカル鑑賞も描いていたが結局実現できなかった。


ワゴン車はブロードウェイを後に北上する。リンカーンセンターを車窓から見学しながらガイドの説明を聞く。

「五つの劇場とコンサートホール、図書館、野外劇場があり、芸術のための複合施設です。１９５０年代、さびれていたこの一帯を改革しようと、施設の建設案が持ち上がり、１９５９年から着工し、それから10年以上をかけて完成したものです」

ワゴン車はゆっくりと進む。

「ウエストサイド物語という映画をご存知ですか？　実はリンカーンセンター建設前のこのあたりが舞台となっているのです」

「夏にはこの周りにオープンカフェが出来て、大変にぎわいます。その前に白い建物がありますね。メトロポリタンオペラハウスです。大理石でできた10階建の建物で、正確には３７８８人の観客を収容できます」

オペラハウス入り口の右手にはニューヨーク交響楽団の本拠地があり、左手にはニューヨーク州立劇場がある。まさにニューヨークシティオペラとニューヨークシティバレエの本拠地だ。

セントラルパーク・ダコタ・ハウスで下車する。セントラルパークは東西1キロメートル、南北4キロメートルの長方形で人工の巨大な庭園である。

「ジョン・レノンの住まいだったところとして有名です。1980年12月8日にこのアパートの玄関を出たところで彼は射殺されました」

12月8日と言えば、太平洋戦争開戦の日だ。とっさに脳裏をよぎった。でも関係ないことだ。

「ダコタ・ハウスは当時も今も有名人が住む高級アパートです。完成当時は付近が殆ど開発されていなかったため、アメリカ西部の僻地にあるダコタのようだと言ったのが名前の由来だそうです」

入居にはお金を持っている他に、厳しい審査にパスする必要があるとか。野球の松井選手も一時期住んでいたらしい。

ワゴン車はセントラルパーク東側に沿って北へ進む。セントラルパークは南北に4キロメートルもあるので公園を横断する唯一の道路が1キロメートルある。その道路を東へ進んだところがメトロポリタン美術館。

「ここで下車します。別に館内へ入るわけではありません。建物を見るだけです」

外観はさすがに世界三大美術館だけあって重厚で圧倒される。

ニューヨーク観光といえば、美術館めぐりははずせない。その中でも、ここメトロポリタン美術館は絶対に訪れるべきところと決めていた。入館を待つ人の列が長い。次の日に訪ねることを考え下調べのつもりで外観を眺めていた。オプショナルツアーとして、メトロポリタン美術館ツアー（75＄）が旅行社のメニューにあるので、その誘いのための下車見学と裏を考えた。

◆チャイナタウンで昼食

「ニューヨークのチャイナタウンの人口は10万人を超え、アメリカ最大規模となっています」

よく見ると漢字の洪水。マクドナルドの看板でさえ漢字で書かれている。キャナル通りの歩道には、食材を売る露店やニューヨーク名物の屋台が並んでいる。

「ここの屋台はすべて中国料理です。焼きそばやチキンの唐揚げ、野菜炒めなどが2～3＄という安さで食べられます」

また、メインストリートとなっているモットー通りには、中国料理のレストランが軒を連ね、中国らしいみやげもの店や雑貨店が並ぶ。中国人が最初にニューヨークに移住し始めたのは、大陸横断鉄道が開通した１８６０年代以降。広東省出身者が多く、そのため広東料理のレストランが多い。最近ではベトナム、タイ、フィリピン、マレーシアなどからの移民も増え、アジア各国の料理が楽しめるエリアでもある。

午前の矢継ぎ早の市内観光がいよいよ終わりチャイナタウンで昼食のため下車をする。食事は観光ツアー料金以外で15＄だという。ワゴン車の中でガイドが注文を聞いた。

「どんなメニューですか？」と尋ねた。

「飲茶《やむちゃ》のフルコースです」

フルコースと聞いて、躊躇した。いつもは昼は軽食ですませており、お昼のフルコースは体が受け付けない。ディナーならまだしも中国料理も実はなじめない。飲茶は茶を飲みながら、中華饅頭・ギョーザ・シューマイなどの中国風の軽い食事のことだが、一度中国旅行で経験したことがあった。

「メニューを見てほかのものを注文してもよいですか？」と聞くと、ガイドは、

「メニューはありませんが、飲茶を単品で注文できますから」と返事。

「それではそうします」

私達とよく似た年配夫婦も同じく単品でオーダー。新婚のカップルだけはフルコースを選択した。

チャイナタウンといっても、普通のビルが並ぶだけだが、店の看板が漢字であることから中華街と判断できる。ワゴン車は《麒麟金閣》という中国料理店の前で止まった。路上なので客を降ろすとワゴン車はすぐ去って行った。

妻は体調もすぐれず食も進まないようであった。女性店員がシューマイなどをワゴン車に乗せて注文に来るので、その時欲しいものを注文すると皿に乗せてくれる。結局一人四個だけとデザートに牛乳プリンを注文した。

ワゴン車の出発の時間が決まっているので、それに合わせて店を出た。

午後の市内観光がはじまった。ウォール街で下車し、徒歩で周辺をまわる。ニューヨークマンハッタンの南端部ロウアーマンハッタンに位置する細い通りの一つ。現在では通りの周辺の区域も含めて、世界の金融地区として定着しており、ニューヨーク証券取引所をはじめ米国の金融史とゆかりのあ

る地区である。

しかし現在では多くの金融機関が、かつてウォール街に置いていた本社機能をミッドタウンやニュージャージー州やブリッジポートへと移転している。もはやウォール街には純米国資本の大手金融機関の本部は存在しない。

アメリカ最大の証券取引所である現在の建物は1930年に建てられた17階建てのビルで、入り口はギリシア風の円柱が並ぶ凛厚な雰囲気だ。正面には新しく上場された《PANDORA》の大きな旗が掲げられていた。

◆グラウンド・ゼロへ

グラウンド・ゼロとは、英語で「爆心地」を意味する。強大な爆弾、特に核兵器である原子爆弾や水素爆弾の爆心地を指す例が多い。広島と長崎への原爆投下爆心地や、ネバダ砂漠での世界初の核兵器実験場跡地、また核保有国で行われた地上核実験での爆心地を呼ぶのが一般的であった。

アメリカ同時多発テロ事件の報道の過程で、テロの標的となったニューヨークのワールドトレードセンターが倒壊した跡地が、広島の原爆爆心地を連想させるとして、跡地をグラウンド・ゼロとアメリカのマスコミで呼ばれて定着した。そういえば東日本大震災の福島原発も当然グラウンド・ゼロと言ってもよい。

ニューヨークで是非訪れたいスポットであった。工事現場は観光客で賑わっている。高い仕切りで覆われて、工事現場はあまりよく見えないが、復興を目指した槌音は高らかに響いていた。

周りには倒壊時の写真や消防士の殉職のレリーフがひときわ目をひいた。再建に関しては、そのまま残すか新しい建物を建てるかで、激しい議論が戦わされたが、記念館を含む高層ビル群を建てることに決定。総工費70億ドル以上。完成を目指して再開発が本格的に進行していた。

四、メトロポリタン美術館

◆美術館へのアクセス

旅行4日目、メトロポリタン美術館へ行くことにする。前日、どのようなルートで行こうか検討していた。手っ取り早いのはタクシーだ。しかし地下鉄や公共バスで行くのも、旅行の楽しみである。ちょっとした好奇心を持ちながら未知のルートを辿り目的地へ着く醍醐味は何より。メトロポリタン美術館へは徒歩でも行ける。そのルートは簡単だ。ヒルトンホテルからセントラルパークへ、公園の中を歩いて行く方法がある。前日の市内観光でメトロポリタン美術館前下車で確認しており、地図上の位置も把握している。

地下鉄を利用することにした。路線図を見ると乗り換えを1回しなければならない。ホテルへ着いた日、空港からホテルまで案内した旅行社の加藤氏に訊ねた時も、地下鉄で乗り換えなしで行くには、「ここまで歩いていくとよい」と、地図上で示された。

前日、美術館の前は入場者で混雑していたので朝早めにホテルを出る。ニューヨークでもミッドタウンと言われるところは、市街は碁盤の目のようになっているから解りやすい。しかも数字で東西・南北の位置を表しているから合理的だ。日本では京都市や札幌市の地番の表し方が類似している。地下鉄も東西を走る路線と南北に走る路線がある。ヒルトンホテルは地図上では縦の通りを6番街と言い、横の通りは西53番となる。

加藤氏のアドバイスの通り東へ一駅歩き、北向きの地下鉄で2駅目で降りることにする。歩くのも発見があって楽しい。地図を頼りに目的の地下鉄駅がある交差点へ向かう。ニューヨークの地下鉄駅は上り下りで地下への入り口が別々の場合が多い。

徒歩で図の51の駅へ到着する。上り下りが別々の入り口なので、間違えてはいけないのは、日本と違って右側通行だから、勘違いすることがあるかも知れない。地下鉄の入り口には、その駅の名前、路線番号、そして行き先方向の表示があるので、きちんと確認してから入らなければならない。行き先方向は「UPTOWN」（アップタウン）と「DOWNTOWN」（ダウンタウン）に分かれている。日本の上り下りの意味で、目的地への進行方向を確認しなければならない。

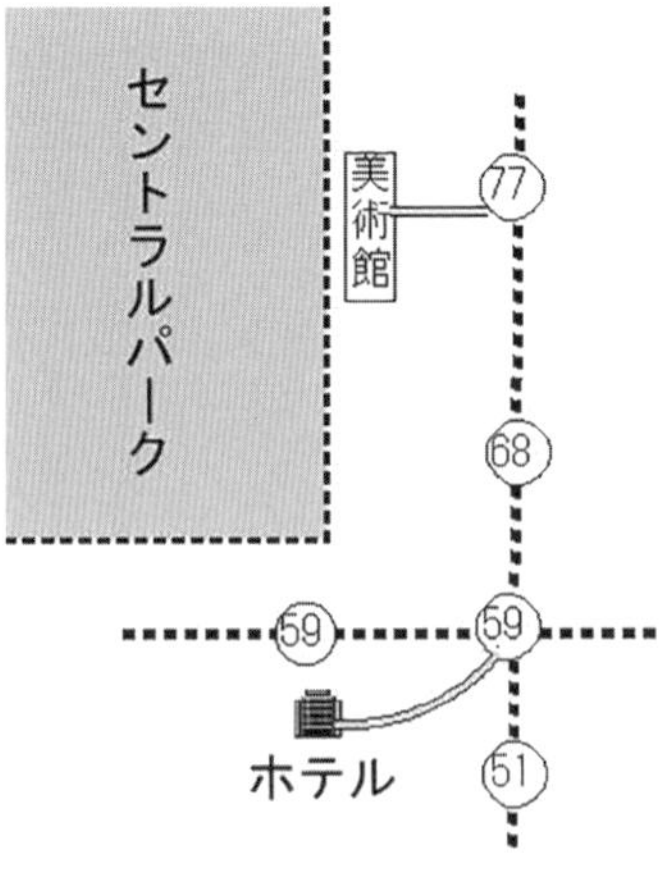

◆地下鉄乗車初体験

地下鉄駅への階段を降りる。地下には駅員もいなく、チケットの自動販売機が置いてあるだけで殺風景である。シンプルなのがアメリカの国民性なのだろう。未知との体験で、ドキドキする。加藤氏の、

「地下鉄に乗るには自動券売機で10＄出して買えば5回分で6回乗れるから」この言葉が頭に残っていたので、そうするつもりでいた。後日思ったことは、そんなことをしなくても、その都度1回だけのチケットでもよかった。

自動券売機の操作方法は次の通りだ。ディスプレー画面に向かうとき緊張する。

①画面のStartボタンを押す。
②言語の選択をする。英語、中国語、仏語があるが、日本語はない。
③メトロカード（MetroCard）を選択する。
④購入したい金額を選ぶ。
　10ドル、20ドル、40ドルの選択肢が出るので10ドルを選択。
⑤支払いは、現金かクレジットカードの選択で、10ドル紙幣を挿入する。
⑥メトロカードが出る。大きさは名刺判で裏面に磁気コーティングがしてある。

改札口は無人である。改札口にカードをスライドさせる箇所があるので、そこにカードを通すとＧＯの電光サインが出る。回転式のバーが左回りに動かせるので、人の体の力で押してホームへ入る、という手順。妻は1回のスライドで通過した。私はスライドさせても、なかなかＧＯサインが出ず、一向に回転バーが動かない。あせればあせるほどエラーをす

る。日本の地下鉄はチケットを挿入すると、前方のバーが両開きになるが、ニューヨークの地下鉄はややこしい。スライドさせる時にコツがいるようだ。日本に比べたら交通システムは時代遅れだ。日本でクレジットカードで支払いをする時、店員がセンサーでカードをスライドさせるが、あの要領だろう。速くても遅くてもいけない。また水平に動かさないと、カードリーダー部でエラーをおこすようだ。何度かトライするうち、やっとGOサインが点灯した。

地下鉄は日本に比べたらお粗末である。駅もそうだが、車両も古くさい。狭くて天井が低く窮屈である。エアコンはついていない。以前は治安が悪く車両の落書きも多かったといわれる。しかし悪いことばかりではない。一回の乗車で、乗り換えもでき地下鉄路線内どこまでも行ける利点はある。ニューヨークの道路は混んでいることが多いので、渋滞の心配のない地下鉄は利用方法さえつかめば便利である。ニューヨークの名所のほとんどが地下鉄から徒歩数分の距離なので、観光客にとっては大きなメリットだ。地下鉄は降りる時カードは要らない。均一料金のせいで実に合理的であるのもアメリカ方式と思う。日本ではホームから退場する時は再びチケットを入れて機械が確認をする。日本は距離制による運賃システム上止むを得ない。

◆美術館チケット売り場

メトロポリタン美術館が最も近い駅［5thAve. 77St］に着く。駅の名称は5番街を省略して単に［77St］でだけ表示される場合もある。５番街の代わりに地下鉄の路線を色で表すこともあり、［緑77St］がわかりやすいようだ。緑の路線のうち77番地にあるという意味である。

地下鉄を下車して、セントラルパークの方向へ向かう。公園は広いので森は遠くからでも目立つ。歩くこと10分でメトロポリタン美術館へ到着。前日は長い列が続いていたが順番を待っている人はそんなに多くはないようだ。時間が早いせいだろう。美術館はセントラルパーク内にあり、公園の東側が正面玄関にあたる。正面玄関は幅の広い階段になっていて全体の建物とよく調和していかにも重厚な姿である。

正面玄関からロビーへ入る時、持ち物検査がある。カバンの中を開いて見せるだけであるが、大きなカバンは預けなければならない。かなり広いロビーであるが、混雑していた。チケット売り場は右の方で2列に並んでいる。前日、正面玄関前を2列に並んでいた理由がわかった。チケット売り場が２カ所だから、いったん列を切って外で待機させていたのであろう。一般入場料は、20＄である。もしかしてシルバー料金はあるのだろうか、だんだんチケット窓口へ近づいたので料金表を確認する。65歳以上15＄と表示されている。自分の番が来た。妻も横にいる。

「シルバー・トゥー・パーソン」（シルバー料金で二名ですが……）女性の係員は、解ったとばかりにっこりと頷《うなず》いた。日本では運転免許証など証拠のものを見せるというのが多いが、そ

んな要求はなかった。続いて「カードOK？」（カードで支払ってもよいですか？）と言って
JALカードを出す。だまってカードの処理をしていた。カードの伝票は確かに30＄と記入されていた。手続きが終わると、バッジが渡された。バッジが入場券の代わりをする。バッジを着けていれば、館外へ出ても再入場はできるそうである。

◆巨大美術館

9時40分頃、胸にバッジをつけて、展示館内へ入る。バッジを確認する係員の傍を通り過ぎると前方に広い階段がある。自然と足が階段に向かう。同じ1階の展示室へも行けるが、上からという習慣から2階展示場へ向かう。いま居たホールは吹き抜けになって、2階はぐるりとバルコニーが囲んでいる。

パリのルーブル美術館、サンクトペテルブルクのエルミタージュ美術館と並んで世界三大美術館の一つに数えられ、所蔵する美術品は約330万点。そのうち4分の1を展示・公開している。とりわけ古代エジプトに関する展示は、ロンドンの大英博物館に匹敵するくらいと言われるほどのコレクション。全館をじっくり見るのは、一日ではとても足りないようだ。妻は見たい場所が決まっている。私は全体をさっと見るつもり。別行動することにした。再会する時

間を12時と決めて、その場所を二つ選んだ。その一つは2階のバルコニーの近く、展示物が少なくベンチがある部屋。もう一つは1階入り口のホール。ここは2階のバルコニーから見下ろせ、人が多くても発見しやすい。

妻と別れて、館内の日本語案内図を頼りに各部屋を廻る。順路も書いてあるが、なかなかその通りにはいかない。あまりにも広く複雑なので閉口する。各国の美術品が分類されて部屋に分かれている。日本美術もある。中国、韓国・朝鮮、東南アジア、イスラム、中央アジア、古代中近東、ヨーロッパやアメリカは勿論、そのコレクションの膨大さに圧倒される。妻の見る2階の左手奥が19世紀ヨーロッパの絵画、彫刻が並び部屋も最も広い。

2時間の制限時間に全体を廻るのは強行軍だが、あえて実行する。案内図を頼りに館内ウオーキングがはじまった。改めてその広さに驚嘆する。館内を右回りに韓国・朝鮮美術、東南アジア美術、中国美術そして日本美術と進む。中国美術は書や絵画、東南アジアでは仏像やカンボジアの立像があり、日本美術はそれほど多くはないが尾形光琳の屛風図が目を引く。

2階のヨーロッパ絵画は妻が集中的に鑑賞する。19世紀ヨーロッパの絵画・彫刻が広いスペースを費やしている。日本人に特に人気なのが印象派アーティストによる絵画である。ここメトロポリタン美術館は、モネ、セザンヌ、ロートレック、マネ、ルノワールなどの代表的作品がずらりと集結。特に、セザンヌとマネの作品が充実している。ヨーロピアンアートのセクションは宗教絵画が多い。

1階で人気が高いのがエジプト美術。紀元前15世紀に建設されたとされるデンドゥール神殿。深遠なるエジプト文明の世界へと人々を誘う。天井高のスペースに自然光が入り、とても清々しい一角。創立100年を記念して、アスワン・ハイ・ダムの建設で水没の運命にあったデンドゥール神殿がそっくり移築されており、また同時期に完成したアメリカン・ウィングには、この国ならではの豊富なアメリカ美術のコレクションが、時代や地域によって各部屋に一定の様式で再現されている。ちょうど12時、妻は約束の時間に1階ホールで待っていた。

五、セントラルパークを横断して

◆公園の沿革

メトロポリタン美術館を出る。セントラルパークを挟んで、反対側にアメリカ自然史博物館があり、前日もバスの車窓から確認した。午後はその博物館へ行くことにした。美術館から博物館まではセントラルパークを横断する唯一の自動車が通れる道路があり、バスも走っている。

お昼の時間もとっくに過ぎていたが園内には何かファストフードの店でもあるだろうと期待しながら歩く。起伏の激しい園内であるが緑のオアシスであることは間違いない。

マンハッタン島の都会的景観・喧噪の中のオアシスとしての働きを果たしており、公園に面してその景色が視野に入るアパートは、高く評価される物件となる。

アメリカで景観を考慮して設計された最初の公園であり、当時、膨張したニューヨークに大きな都市公園が必要であると、造園家によってその必要性が唱えられ、ロンドンのハイドパークやパリのブローニュの森のような屋外で、のんびり過ごせる場所が望まれていた。それを受け1853年に公園用地として指定されることとなる。

1870年代、ニューヨーク市の住民の大多数が住んでいたロウワーマンハッタンには、公園と呼べる場所は殆どなかった。1876年にほぼ現在の形に完成したセントラルパークはずっとアップタウンにあり、その緑の恩恵を一番必要としていた住民には手の届かない場所だった。

ニューヨークという不夜城の中にあってオアシスの役割を果たしてきた公園であるが、1930年頃よりここに住み付くホームレスが増加し、また夜間の治安悪化が問題となっていた。これを危惧したニューヨーク警察がここを重点地区に指定、現在は比較的安全になっている。

◆公園散策で……

地図をたよりに、アメリカ自然史博物館を目標に曲がりくねった遊歩道を最短距離を選びながら進む。遊歩道では自動車の心配はいらない。一度だけ自動車道を横断したが、公園外の道路に比べたら自動車は稀である。妻は足が悪いのでベンチを見つけると休み休みである。私はベンチよりも食べ物の売店を探しながらになった。


ようやく店を見つけた。

「あの店で何か買おう」

近づいてみると、若い男性店員が二人いる。

「軽食は何があるのかなあ」

「ピザのようなものがあるよ」

日本のピザのように大きなものではなく、一人分1枚で足りそう。

「1枚5＄だ」

それで2枚を注文した。すぐくれるのかと思っていたら、そのピザのようなものをフライパンで焼きはじめた。そのままでも食べられるくらいだが、温めるだけのようである。

やがて店員が何か言っている。

「チョコレート　ストロベリー　どちらですか?」と聞こえる。飲み物のことばかり思っていたので、

「ストロベリー　チョコレート?」

と復唱のつもりで聞き返したのだが、相手はチョコレートとストロベリー両方欲しいと勘違いした。すると本物のイチゴを切ったものをピザの上に載せ、更にチョコレートの半練りを載せた。

紙のボックスに載せてプラスチックのフォークを添えて渡してくれた。

あらためてドリンクの注文を聞いてきた。今度が本当の飲み物。

「ホワット・カインド・オブ、ドリンク?」(飲み物は何を?)のように聞こえた。

冷蔵ガラスケースの中にいくつかの種類が並べてあったので手で指して注文する。合計で14$を払う。

店の屋台の近くには、ベンチが数脚遊歩道に沿って並べてあった。木陰のベンチを選んで腰かけ、やっと軽食にありつく。目の前を時々人が通るが、その人達は私達には無関心で前を見て歩いている。私達は歩く人を観察しているだけで面白い。

ふと左を見ると家族であろうか。二つ離れたベンチに、あかちゃんと、そのお母さん、それ

におばさん?が囲むように座っていた。妻はそこへ近づいて行き、

「かわいいあかちゃん!」

と言ってにっこり笑いながら眺める。するとおばさんが、

「あなた、抱っこさせてあげるよ」(たぶん英語でそう言ったのだろう)と妻へあかちゃんを手渡す。

妻は受け取ってあやしていた。ベンチの横には日よけの大きな乳母車が置いてあった。0歳であろう。私は横目で眺めていたが、あかちゃんは人見知りもせず、笑っていた。私たちにはちょうど0歳の孫がいるので妻は重ねてあやしていたのだろう。

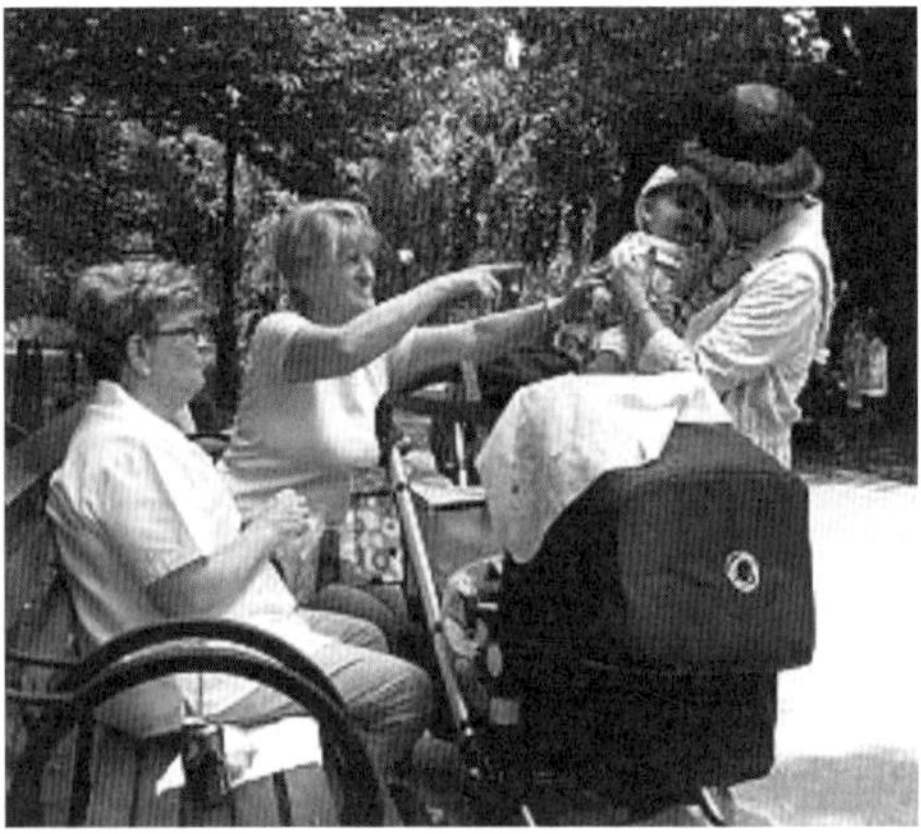

私達の目の前を少年数名が通り過ぎて行った。その中の一人がフライドポテトが入った白い器ごと落とした。うっかり落ちたのか、わざと捨てたのか解らないが、フライドポテトが散乱した。相当広がったということはうっかり落ちてしまったのだろう。いったん地面に落ちたも

のは口にしないのはあたりまえなのだが、それを後片付けしないで行こうとした少年達。その時、すれ違った中年の男性の大きな声が飛んだ。

「ピック・アップ」(拾いなさい)、命令調の短い英語。少年はいったん足を止めたものの無視をして歩いて行こうとする。

再び中年男性の声が前にも増して追いかけるように大声で少年に指を差して怒鳴った。

少年はしぶしぶ散らかったポテトを拾った。拾いはじめたのを確認した男性は平然と去っていった。少年は男性が去って行くのを見て拾うことをやめ通り過ぎて行った。

「まだ残っているよ」と言いたいが、あの迫力ある声には太刀打ちできない。

一瞬の出来事にベンチの人々は唖然とするばかり。妻は丁度食べ終えた紙皿とティッシュで彼等の拾い残りのポテトを集め、側のゴミ箱に捨てた。それを見ていた二人の老婦人が「〇〇〇……ジャアパン?」(片付けてくれて有難う。あなた日本人?)と言ったのだろうと勝手に解釈した。それにしてもあの男性の爽やかな叱り方は、他人の子どもを叱れなくなった日本では見当たらない。

軽やかな歌声が聞こえる。ストリートミュージシャンの三人組で、サックス、ギター、ベース奏者。時々一人がボーカルを担当する。大きな木の下が演奏スペース。地面にはギターのケースが開かれ、中に自分たちの音楽CDが置かれてある。確か10＄と書いてあった。

「しばらく聴いて行こう」

十数名が道路の反対側に一列に並んで聴いている。ボーカルもマイクなしで唄っているのに大きく響く。雑踏の中のストリートミュージシャンよりは、公園内の演奏は聴きやすく格別の雰囲気がある。ただ、あまり関心のない人も多く、目の前を通り過ぎて行くので、写真を撮るには目ざわりであった。軽食の後の一服のオアシスであった。

◆アメリカ自然史博物館へのアクセス法

公園を出てアメリカ自然史博物館へ着く。もう午後2時を過ぎている。ちょうどメトロポリタン美術館とは公園の反対側で西側にあたる。正面はメトロポリタンほどの重厚さはないが、敷地面積はとてつもなく広い。建物のまわりは木で囲まれており、セントラルパークのエリアの一部でもあるようだ。

正面玄関より内部へ入るが、入場待ちの客で混雑している。チケット売り場は数カ所あるがロープがジグザグに張られて長い列が続いている。子ども連れが圧倒的に多い。これを見ただけで、もう入館するのはあきらめた。メトロポリタン美術館で疲れたせいもあった。

「今日は帰って、明日の朝早めに行こう」と決めて外へ出る。前日のメトロポリタン美術館の下見と同じく場所の確認をしただけとなった。

ホテルへ戻るため地下鉄の乗り場は地図で確認していた。青色で81番地だ。セントラルパークの西側の地下鉄乗り場である。

地下鉄駅に入る。やはり殺風景な駅である。照明も暗い。かつては犯罪が横行していたという地下鉄だが無理もない。プラットホームの幅も狭い。と、みるとベンチに腰かけている黒人のストリートミュージシャンだ。バイオリンを弾いている。やがて楽器の音も消されるように電車が近づいてきた。

電車は南方向つまりダウンタウンに向かって走り出す。目的地まで車窓から停車駅名を確認しながらである。翌日はこの逆だとプランを立てる。

午後4時頃ホテルへ到着する。

六、アメリカ自然史博物館

◆地下鉄乗車駅を間違えて大失敗

アメリカ自然史博物館へ行くことは、前日から下見をしてきた。地下鉄の乗り方も実地で確認してきた。前日調べておいた下車駅から乗ればよかったのが、ホテルを出てセントラルパーク方向へ散策したのが間違いの因《もと》であった。前日確認した50番地から乗ればよかったのに59番地から乗車したのが失敗であった。3路線が交差していることをすっかり忘れ、地下鉄駅を見ただけで入場し到着した車両に乗ってしまった。

　電車が発車した。次は72番地で停まる。メモと照らし合わせる。72番地間違いない。ここまではまだ気づいていない。さあ次が81番地の目的の駅だ。

　地下鉄が停車する。おかしいぞ81番地の筈なのに79番地だ。路線を間違えた。
あっ、そうか、乗車したコロンバス・サークル駅は3路線が合流していた。
とっさに妻に「降りよう」と言って私は先に降りた。
私が降りると同時にドアが閉まった。「しまった」と思った。妻は何かしゃべっているが、ガラス越しに聞こえるはずはない。

　妻を乗せた地下鉄は無情な音を軋ませながら去って行った。たぶん次の駅で降りて博物館へ向かって歩いてくるかタクシーで来るだろう。じゃ私は先に行って博物館で待っていよう。

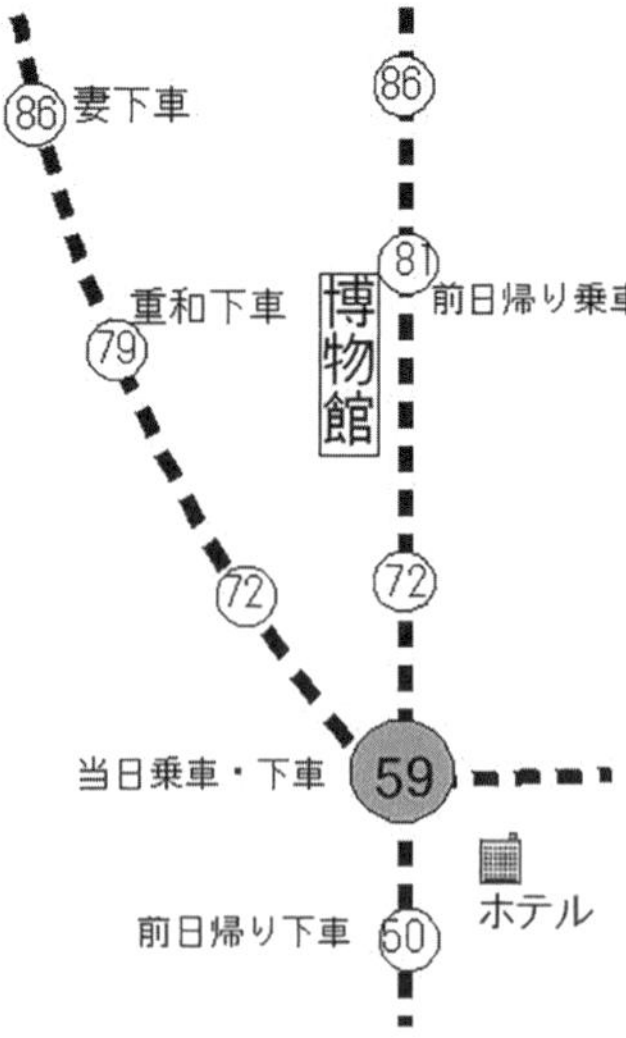

三つの路線のうち、青と橙はセントラルパークに沿って走っている。間違えて乗った赤色路線は72番地までは同じだが、発車すると、少しずつ離れるように北へ進む。次の駅で降りてもパークの方向さえ間違わなければ辿りつく。

博物館はパークの延長のように大きな木に囲まれ遠くからでも目立つ。私も同じ条件だ。東へ東へ向かって進めばよい。距離にして数百メートルだろう。地下鉄の地図を持っていたので、赤色の次の駅を見ると86番地になっている。間違えて降りた79番地からはパークに平行に進む。いろいろな事を想定しながら太陽の方向へ、つまり東の方へ向かって歩いた。

妻の歩速は私の半分くらいだから、いつも私が合わせて歩いている。旅行中ははじめて私の通常の歩き方になった。ほかの人からみれば速い方である。いわゆる早足である。

◆10分で再会

博物館のロビーはアロサウルスの標本が吹き抜けのロビーでひときわ目立つ。我が子を守ろうとして後ろ足で立つ骨格標本は博物館のシンボルのようである。それを眺めながら腰かけて待つこと10分、妻がやってきた。

「次の駅で降りて待っていた。次の電車で降りてこなかったので歩くことにした」と妻。

喧々諤々と思っていたが、割と落ち着いていたので、やれやれ。私は、

「次の駅で降りて歩いてここまで来ると思っていた。自分は降りた時から歩くつもりでいた」あの時妻は「次の駅で待っている」というしぐさだったのだ。

乗り物のガラス越しでは何を言っているのか判断できない。こんな時、聴覚障害者のように口や唇の動きで内容を読み取る口唇術とか読唇術をマスターしておけば理解はできたのだろう。

携帯電話を使用する方法もあった。前夜ホテルで日本にいる娘や孫に電話した時は、私の電話は通じた。しかし妻の携帯は日本には届かなかった。だから我々の電話によるコンタクトははじめから無理であることは承知していた。それでは何のために携帯電話を持っていったかわからない。国際ローミングという方法をあらかじめ設定しておけば、外国と日本と通話が出来るので、私の電話は設定してあった。しかし妻のは設定をしていなかった。以前設定してあったことがあったが外れてしまっていたのだろう。その日、ホテルで妻の携帯電話を調べると、やはり設定されていなかった。簡単にできることなので、やっておけばよかった。

「それで、タクシーでも使えばよかったのに、歩いてきたのか？」

「タクシーの乗り方がわからないので」

「地下鉄を降りてから、ここまでの道順はわかったのか？」

「途中、わからなくなったので、通行人に『セントラルパーク？』と尋ねたら公園の方向を指をさしてくれた」

地下鉄の進行方向右側直角方向に進めばよいが、地下鉄から地上に出る時、ぐるぐる回ると方向が分からなくなることがよくある。ニューヨークだけでなく日本の都会でも同じ。日本では街路に周辺の案内地図がよく出ているが、ニューヨークでは全く見なかった。

◆チケット購入

少し休んで、入館することにした。昨日ほどの客ではないが、チケット売り場は列が長い。ジグザグのガイドロープが張ってある。家族連れが多い。ロープの先端は、8カ所の売り場が並ぶ。一カ所終わるごとに、先頭のグループが売り場へ進む。見ていると割と進行が速い。百人ぐらいの列であったが、どんどん前進していった。

メトロポリタン美術館でもシルバー料金があったので、博物館もあるだろう。待つこと10分ばかり、やがて私達の番になった。チケットの係は30代ぐらいの男性。

「シルバー・トゥー・プリーズ」（シルバーチケット二枚ください）

係は、「24＄」と言った。

「カードOK？」と言ってJALカードを差し出す。係は頷いてさっと手続きをした。

◆ミュージアム沿革

アメリカ自然史博物館はニューヨーク市が設立、マンハッタン・スクエアの大部分を占めている。研究部門・展示室の拡張を重ねながら現在に至る。1997年には、「科学理解及び教育、テクノロジーに関する国立センター」を設立、活発な活動を繰り広げている。

現在、アメリカ自然史博物館自体は民間の財団として独立し、収蔵品及び展示、研究設備、人員など一切を管理しているが、建物はニューヨーク市の所有であり、市当局から維持費用の一部が拠出されている。2001年9月のテロ以降すべての収入項目で大きな減少が目立っているものの、安定的な経営が続いている。職員数も常勤1200人を擁し、支出の三分の一が研究部門に費やされている。研究機関としてもニューヨーク周辺の大学やアメリカ科学財団、NASAなどと連携している世界有数の研究拠点施設である。

博物館は、アフリカ・アジア・北アメリカにおける哺乳類のジオラマや、海洋ホールに吊されたシロナガスクジラの実物大模型や、北西海岸部のインディアン民族であるハイダ族が作成した64フィート長の彩色彫刻戦闘用カヌーや、世界最大のブルースターサファイアである「スター・オブ・インディア」が有名である。

◆4階《恐竜の巨大標本に圧倒》

4階まである展示室を全部回ることにした。先ず4階までエレベータで昇る。メトロポリタン見学と同じように、妻とはここで別れて、私は下へ降りながらすべての階をまわることにした。4階全部が世界的に有名な恐竜群を含む脊椎動物の進化に当てられている。その骨格標本の種類と数には圧倒される。

ガラス張りの天井から、光が差し込んでいる。明るく広いフロアに、巨大な恐竜の骨がずらりと並んでいる。なかでも必見は巨大なティラノザウルスの骨だ。映画『ジュラシック・パーク』でその人気に火がついた恐ろしい肉食恐竜。1908年にモンタナ州の山中で発見されたもので、高さ約4・5メートル、体長12メートルもある巨大な骨格が再現され口を開けて今にも襲いかかりそうな姿で立っている。

ほかに珍しいのは、ほ乳類のコーナーにある象のマス

トドンの骨。今から1万年以上前に生息していたといわれている。この骨は1845年に発見され、重い体が泥沼にはまって抜けられず、そのまま死んだものらしい。

◆3階《進化が解る展示》

3階は展示品の数が多い。ここはさっと見ることにした。は虫類と両生類、アフリカのは虫類、ニューヨーク州の鳥類、ニューヨーク州のほ乳類、北アメリカの鳥類、東部森林と平原のインディアン、太平洋地域の人々というコーナーから成っている。

ほ乳類は恐竜が絶滅したあとの新生代、今から約6500万年前頃の時代に地球上に現れた。ここでは、初期のほ乳類の化石から進化した順に並べてあり、今の動物との骨格の違いや、いろいろな動物が元をたどれば同じ種類の動物だったことなどが、よくわかる展示であった。は虫類と両生類のコーナーにあるコモドドラゴンは、インドネシアのオオトカゲ。トカゲの仲間では世界でもっとも大きく、体長が3メートル、体重が90キログラムあり、シカ、ブタ、バッファローまで襲って食べてしまうというから驚きだ。

◆2階《リアルなアフリカ象群》

2階はアフリカのほ乳類。そしてアフリカの人々、世界の鳥類、メキシコと中央アメリカ、南アメリカの人々、アジアの人々、アジアのほ乳類のコーナーがある。アフリカの人々のコーナーでは、アフリカに住む人々が、砂漠やジャングルなど厳しい自然環境のなかでどのような暮らしをし、いかにして社会を作り上げたのかを、古代から順を追って紹介している。

アフリカのほ乳類では3階まで吹き抜けになっていて、中央には、いまにも走り出しそうなほどリアルなアフリカ象の群れがいる。そしてそれを囲むように、熱帯雨林、山岳地帯、砂漠など、それぞれの地帯に住む動物をジオラマで紹介。

◆1階《巨大なシロナガスクジラの骨格》

1階には鉱物と宝石のコーナーに展示されている世界最大、563カラットのブルースターサファイアがある。300年前にスリランカで発見され、《スター・オブ・インディア》と名付けられている。光の向きによって、中央に白い星のような模様が浮かび上がって見える。

隕石のコーナーには34トンの世界最大の隕石。手で触ることもできる。約1万年前にグリーンランド東部に落下したもので、発見されたのは1894年のこと。

海洋生物と魚類の生態のコーナーに入ると、思わず声をあげたくなる。広々としたフロアの天井に長さ28・6メートルもある巨大なシロナガスクジラが浮かんでいる。大きなものでは35メートルにもなるという シロナガスクジラは地球上でもっとも大きな動物といわれている。

かつて高校理科教師であった私にとって、すべての展示が興味深かったが、特に印象の残るものを抜粋して記述した。それにしても教師現職時代に見学する機会があれば授業に教材として活用することもできたのではと思う。

七、SUSHI　BAR

◆ニューヨークのゲリラ豪雨

アメリカ自然史博物館の見学を終えて、午後4時頃ホテルへ帰る。しばらく昼寝をする。突然妻が、

「すごいね！　あの雨」と叫ぶ。

目をこすりながら眠りを覚ます。

「わー！　すごい」

と声が出た。窓外は真っ暗、雷雨だ。41階から真下を見る雨の降り方は、眼下から落ちる滝を見ているようだ。ホテルへ着くまでは晴れていたのに、あっという間の気象の変化だ。

ニューヨークの夕立はすごい。

「これはゲリラ豪雨だ」

小休止をしてから散策して夕食をとるつもりでいた。夕立が収まるのを待つしかない。実は3食ともホテル内ですますことができるように旅行費用の中に含まれていた。食事なしのつもりでいたが、現地旅行社がホテルでチェックインをしてくれた時、3食とも可能であることを知ったが昼間は外食である。夕食も毎回ホテルでというわけにはいかなかった。

◆居酒屋風の店

豪雨も弱まり外出することにして日本食堂を探した。探すというより、日本で買ったガイドブックの詳細案内図を見て、昼間のうちにウオーキングを兼ねて自分の目で探しておいた。店の名前は、地図では《SUSHI BAR》となっていたが、入り口の看板には『THAI GRILL&SUSHI BAR』と大きく掲げられてあった。内部はそんなに広くはない。日本の居酒屋風と言った感じ。店に入るとテーブルが数脚。先客が大声で話している。あいている席を見つけて座る。早速、ウエイトレスがメニューを持ってきた。日本人と思ったが東南アジア系のようである。日本語は話せない。メニューを見ても英語（ローマ字）でしか書いてない。妻は「ちらしずし」を、私は天ぷら定食を注文した。外国の日本食堂は値段が高いのは解っているが、日本食堂を選んだのは日本酒を飲む目的もあった。日本酒はとっくり一合で最低は千円であることも知った上でのこと。

妻のちらしずしは、ふりかけご飯に、器の縁に刺身が載っているだけのもの。天ぷら定食は、日本と同じ。天ぷら盛り合わせに、ご飯とみそ汁がある。天ぷらも野菜から魚までいろいろな種類。日本酒は一合だけで済ませることにした。１００円ショップで売っているような徳利に入っているが本当に中身は一合かどうか。これだけでは満足しないが、まあ我慢しよう。ニューヨークではじめてで最後の熱燗日本酒であった。ホテルのラウンジでもアルコール類は飲める。しかしこれだけは有料。夕食時にカウンターがバーになる。私も一度、生ビールを注文した。日本の中ジョッキグラスである。請求書が９＄であった。清算はホテルのチェックアウト時にすることで、請求書にサインをしておいた。結局10％のサービス料が加算されていた。

終わって清算だ。ウエイトレスを手招きする。

「チェック・プリーズ？」（勘定？）頷いて戻っていった。

やがて請求書を持ってきた。クレジットカードを見せて、

「カードＯＫ？」と尋ねる。持ってきた請求書を見る。トータルで税込46＄である。チップという欄は空白になっている。そうか居酒屋のような小さな食堂でも、一応はレストランでありチップが常識である。欧米の旅行ではチップの煩《わずら》わしさがある。レストランでもタクシーでもいちいち考えなければならない。それがいやなら屋台やコンビニで食糧調達したり公共の交通

機関を利用することだ。ヒルトンホテルのラウンジで食事をすれば気楽なのだが、それに飽きたので外へ出たのだから、当然チップは承知している。目安として15%ぐらいが常識、勿論それ以下でもよい。結局請求額はクレジットカードで、チップは紙幣で渡した。

八、ジョン・F・ケネディ空港へ

◆余裕をもって出発

ニューヨーク滞在最後の朝を迎えた。

ホテルへ到着した日に、チェックインを済ませた時、加藤氏より、

「帰りの日はホテルを9時20分に出発しますので、待っている場所を案内します」と言って、ロビーから離れた裏口にあるギフトショップ店の前まで行き、目で確認しておいた。広いロビーは常に混雑しており、この場所ならわかりやすい。滞在中ギフトショップの前を何度か覗いたり、散策するとき裏口から出入りしたので、覚えやすくわかりやすい場所であった。

やがて、係の人がやってきた。加藤氏かと思っていたが、同じ旅行社の社員で初対面である。向こうから声をかけられた。

「岡野さんですか？」

「はい、そうですよろしくお願いします」

「ここから乗るのは岡野さんだけです。途中2カ所へ寄って、ほかのお客さんが乗りますので」といって裏口に停車してある自動車へ案内した。前中後列と3シートになっている例のワゴン車である。私たちは前列に座る。

車はセントラルパークの南入り口の前を右折したところのホテルで2人組を乗せる。

これから、南北に細長いマンハッタン島のパーク通りを南下する。土曜日とはいえ道路は渋滞している。飛行機の出発が12時25分で充分余裕があるが、国際線に乗るには、これだけの時間が必要で、空港では少なくとも2時間前に到着することを、これまでモットーとしている。旅行社の手配もそれを計算してのことであろう。

途中で別の2人組が乗車して予定の6人が揃った。車はやがて東へ向きを変え、大きな川幅のイーストリバーを渡る。このあとは自動車も割と少ない丘陵地をすいすいと進む。ホテルから空港までは通常の1時間程度であろう。

◆TSAロック

運転手は全員が揃ったところで、空港での手続きについて話をはじめた。運転しながらの説明で心配だが毎回同じことを話しているのだろう。そのなかで最もインパクトのある話は機内預け荷物のことだ。

「アメリカは2001年9月の同時テロ事件が発生してから空港での荷物検査が非常に厳しくなりました。スーツケースやキャリーバッグには鍵をかけない決まりになっています。しかしTSAロックなら鍵をかけてもよいですよ」

TSAロックという言葉は、日本の量販店のカバン売り場で目にしたことがあったが、何のことか意味がよく解らなかった。店員の説明では『アメリカ旅行では検査が厳しいのでこのスーツケースを使った方がよいですよ』という説明だけであった。何でよいかまで聞き返さなかった。

ただ成田空港のカウンターでは、機内持ち込みの化粧品など液体の小瓶は、ビニール袋に入れて中味がわかるようにしておいてとの注意があったが、機内預け荷物の説明はなかった。アメリカ入国が水際作戦で厳しい筈なのにと思ったがスーツケースはロックしたままだった。運転手の次の説明はもっと衝撃的であった。

「スーツケースにロックをしたり、キャリーケースに南京錠をかけると壊される場合があります。壊されても保証はありません」

TSAロックのTSAとはアメリカ運輸保安庁のことで、TSAによって認可・容認されたロックでは、セキュリティチェックが最も厳しいアメリカであっても、カギをかけたまま航空会社に預けることができる。

「これまでもスーツケースを壊された例はたくさんあります」と説明が続く。

特に空港で預けてしまう荷物に関しては、持ち主が立ち会えない場所でTSAの職員によってバッグやスーツケースを開けて念入りな検査が密かに行われている。そのため、カギがかかっている荷物はすべてロックを切断、もしくは破壊して検査するという。こうした切断・破壊行為が原因による内容物の破壊や紛失に関しては、TSAは一切責任を負わなくてもよいという国の法律があるそうだ。TSAロックの場合は、特殊なツールを使用して開錠して検査をし、施錠できる。

しかし限られたTSA職員で、すべての便で検査は困難で、航空会社によって検査の難易はあるのだろう。こんなことを知らずに一昨年グアム旅行をした時は鍵をかけたままであった。帰国後、ネットなどでTSA検査で荷物を破壊された体験記を多く目にした。

◆エアトレイン

運転手は、機内預け荷物や出国手続きの一連の説明を終えると、

「何か質問はありませんか？」と言った。誰も質問がなかったので、私が知りたいことをひとつ訊ねた。

「空港から公共の乗り物を使ってニューヨークの市内へ行くにはどうすればよいですか？」

運転手は待っていたとばかり、

「エアトレインと地下鉄を乗り継いで行けます」

帰国するのに、今更市内へのアクセスの方法なんて、と思うかも知れない。しかし、できれば、もう一度訪れたいと思ったから。滞在中、十分に回りきれなかったこともある。もっとニューヨークを知りたいという願望はいまもある。プライベート旅行で初めての都市へは空港からのアクセスが気になる。簡単にはタクシーを使えばよいが公共の交通機関をクイズのようにルートを発見しながらも旅の醍醐味である。


ニューヨーク市内へのアクセスはこうだ。まず空港ターミナルを出たらエアトレイン乗り場へ。エアトレインは24時間約5分間隔で運行しており、乗車賃は後払い。エアトレインには地下鉄のジャマイカ駅行きとハワードビーチ駅行きの2本の路線がある。ミッドタウン～アップタウン方面へ行く場合はジャマイカ路線に乗車し、ジャマイカ駅で地下鉄に乗り換える。ダウンタウン方面ならば、ハワードビーチ駅で地下鉄に乗り換える。

ジャマイカ駅またはハワードビーチ駅に着いたら自動券売機で運賃の清算をする。エアトレイン代は5ドル、その先の地下鉄代もプラスして購入ができる。地下鉄は1回乗車が2ドルだから合算したら7ドル。これはまだ実践していない。ネットで調べた知識として記録しておきたい。

◆空港ターミナル

エアトレインが走る姿が車窓から見える。やがて空港ターミナルに近づく。ターミナルは広い敷地の中で第1ターミナルから第9ターミナルまである。全部独立した建物でちょうど円周状に並んでいる。こんなに空港ターミナルが分かれているのは世界中でも珍しい。日本では羽田空港が第1と第2ターミナルがあり、新たに国際線のターミナルがあるだけで、成田は第1、第2ターミナル、関西国際空港は同じ建物内に北ウイングと南ウイングに分かれているだけで、ジョン・F・ケネディ空港が如何に巨大空港かがわかる。滑走路もターミナルからはかなり離れている。到着した時は空港ターミナルまで長い距離を進んでいた。

ターミナルが並ぶエリア内で一組の客が途中で降りた。デルタ航空で帰国するという。50を超える国々から100社近い航空会社の定期便が就航、一日の離着陸は400便に達する。それぞれのターミナルはゲートの数が少ない、10ゲートぐらいだから混雑しない。

◆出国手続き

到着したターミナルへ入る。機内持ち込み荷物をまず預ける。鍵のロックはしていないことを確認し、スーツケースベルトを鍵の部分が隠れるように巻いておく。妻はファスナーのついたキャリーケースなので、南京錠をつけないままだ。ロックしておくと壊される可能性があるので再確認をした。続いて搭乗券を受け取るカウンターへ行く。ここでは出国検査を兼ねる。ほかの国とは違ってあらためて検査がないのは規制緩和なのだろう。そのかわり荷物検査が厳しい。私達はプレミアムエコノミーというエコノミーのひとつ上のランクなので受付カウンターはエコノミーと異なる。ワゴン車に同乗したもう一組はエコノミーの列に着いた。日本航空のカウンターなのに係員は全員アメリカ人である。

受付カウンターでは、旅行前から気にしていた課題があった。一方的に座席を決められていて、出来れば変えてほしかったプレミアムエコノミーシート。4列並びの間になると、途中でトイレなどへ行く時、いちいち横の客の前を通らなければならない煩わしさがある。

プレミアムエコノミーは進行方向左からAC列（Bは欠番）、DEFG列、HK列（I・Jは欠番）と並ぶ。4列シートDEFG列のEとFが私達のシートになるので、D席とG席に挟まれることになる。申し込み決済の後、席が知らされたので、ずっと気にしていた。できれば並び席で窓側なら一番良いわけだが、それでも成田からニューヨーク行きはFGだからまだよかった。

最悪の座席を知らされネットのメッセージボードを通して「席を変えてほしい」と問い合わせたこともあった。顔が見えない相手から文字で『出発の3日前からパソコン上で席の変更はできます』と返事が戻る。3日前だと自宅にいない。ニューヨーク滞在中である。その事をメッセージで告げると『できるだけ早く空港へ行き、カウンターで交渉してみてください』との回答。できるだけ早くといっても、自分で行くのではなく現地旅行社へ移動は任せ切りである。

カウンターはアメリカ人女性係員がおり航空券を渡し、

「ウイー・ウオンチュ・チェンジ・ウインドウシート」(窓側に変えて欲しいのだけれど)

係はしばらく、キーを叩いていたが、

「ソリー・ナッシング」(残念ながらありません)

それでダメモトのつもりで次の質問をする。

「エイッスル・サイド・ドュユ・ハブ?」(通路側はありませんか?)

再びキーボードを叩いて調べていたが、

「ソリー・フルシート・ディスフライト」(残念です。満席です)

係の女性は申し訳ないという顔つきで首を横に振った。

自己のスローペースと短期間で巡ったニューヨーク。充分に知ったわけではないが国際大都市であることはよく理解できた。大空にそそり建つビル群、行き届いた交通システム、行き交う人々の姿、巨大空港もすべて日本とは異なる世界を感じた。それにしても機会があればもう一度訪ねたい都市であると思った。

しかし、本誌執筆中の今、アメリカの新型コロナウイルスによる死亡者累計が20万人、感染者累計が700万人と報道されている。ニューヨークのマンハッタンでは、人通りも途絶えている映像も放送されていた。グラウンド・ゼロのショッキングな事件を超える国難であろう。

感染が収束しても世界中の人たちの旅行マインドは冷え切っているのではなかろうか。再訪問を考えていたこともあったが、諸情勢が大きく変容した今は諦めるしかない。せめて文字情報で旅気分を回想できればと思う。

地下鉄で巡るパリの街

一、パリ到着　ホテル周辺リサーチ

◆旧日航系ホテル　ノボテル・パリ・トゥール・エッフェル

ＪＭＢ手配のホテルは、《ノボテル・パリ・トゥール・エッフェル》といい、旧日航ホテルである。と、いっても日本語が堪能なスタッフは限られる。日本食堂「弁慶」でさえ全く日本語を話せるウエイトレスはいなかった。

ホテルの20階の部屋からはセーヌ川が眼下に見渡せ、まさにリバーサイドにふさわしい。部屋は旧日航ホテルだけあって日本の仕様と考えられ、このホテルで4連泊することになる。

朝食つきであったが、三つのレストランから選択でき、例の日本食堂も2回使ったが全く日本の朝定食であったのは日航系と頷ける。

近くにはスーパーマーケットがあり、ホテルの裏口から行けるようになっており、何度も利用した。

市内への移動方法は、できるだけ地下鉄を利用することにした。ホテルの間近には駅はないが徒歩圏内には複数駅が存在する。

◆パリの地下鉄は2系統

パリの地下鉄は2種類ある。パリ市交通公団が運営するメトロ（METRO）と呼ばれる地下鉄は路線網が発達しているため、どこへ行くにも便利。14路線は番号と色で識別されている。メトロ以外にフランス国鉄が運営するRER（高速郊外地下鉄）はパリ市内から郊外へ延びるA～Eの5路線がある。メトロの出入り口は黄色のMマーク、RERは青地に白のRERマークが一般的な目印。

メトロ全線およびパリ市内を走るRERは全線均一料金1・7ユーロで市内バスやモンマルトルのケーブルカー・トラムにも乗車できる。またカルネという10枚綴りの切符があり、駅の窓口や自動券売機で14ユーロ（一枚当たり1・4ユーロ）で購入でき、滞在中はこれを使用した。

駅の自動券売機でカルネを買おうと思ったが、フランス語表示でよくわからない。結局駅窓口で買うことにした。最も簡単に「カルネ・プリーズ」で充分通じた。支払いはクレジットカードを差し出して「カードOK？」と言えばよい。

10枚を5枚ずつに分けて持つこととし、滞在中は2回カルネを購入して全部使ったので、一人で10回地下鉄に乗ったことになった。乗り方は改札口で切符を挿入すると前方に切符が現れるので、これを手に取り、前方のバーを手で開ける。自動的に開く日本に比べて遅れている。一つ注意しなければならないのは、使用した切符は捨てたほうがよい。未使用、既使用が混同するとわからなくなる。一度そんなことがあって、どうしてもバーが開かないことがあった。捨てる事ができない時は手で折って区別をしたらよい。

◆ホテル周辺に4駅も

ホテルの隣接地下鉄駅はない。しかしちょっと歩けばほぼ同距離に四つの駅がある。後日、グーグルマップを使用して距離計測をしたら《ジャベル駅》が600m、《シャルル・ミッシェル駅》も600m、《アベニュデュプレジダンケネディ駅》が700m、《ビラゲム駅》も700mである。これらの四つの駅はホテルから徒歩圏内であることは間違いない。

ホテルに到着した日、早速地下鉄駅の下調べを兼ねて周辺を散策する。ホテルからセーヌ川を後ろに直角方向に進んだところに《シャルル・ミッシェル駅》がある。地下駅の入り口を見つけて階段を下りると、まっすぐ向こうに改札口が見える。自動券売機を見たが使いにくいようである。出札口は3カ所あり、左1カ所が乗客の出口で右2カ所がホームへの入り口で、客はまばらである。

出口側には駅員駐在の窓口があり、降車客対応の事務室のようである。ここの駅で地下鉄路線図をもらおうと思った。窓口に近づき問いかける。

「Do you have a metro map?」（地下鉄の路線図がありませんか？）

中年の駅員が何か言っているがフランス語だからわからない。

「Metro map please」（地下鉄路線図お願い！）

相手が首をかしげる。もう一度、

「Metro map」と手で長方形を描いて見せた。相手がようやく少し意味がわかったようだ。

駅員がやっと折りたたんだ地図を持ってきて、広げて見せてくれた。駅員は路線図を見せて欲しいのだと勘違いをしている。

「I will get this map」（この路線図をもらってもいいですか）と言いたいところであったが、たぶん通じないと思い、地図を指でさし、自分のポケットへ入れるジェスチャーをした。

ようやく手に入れた路線図は、旅行中にぼろぼろになるくらい大活躍であった。日本語の観光ガイドブックのパリ路線図は

字が細かくて見づらいが、ここで得た地図はそこそこ見やすかった。ただフランス語表記であり、駅名には短いものから長いものまでいろいろであり、日本では都会の漢字表記の駅名に慣れているので長い駅名には閉口した。

◆ジャベル駅を予察

ジャベル駅へはホテルからセーヌ川に沿ってグルネル通りの歩道を南西の方向に歩けばよい。ホテルを出ると対岸へはグルネル橋が架かっている。橋はパスしてグルネル通りの歩道を川沿いに歩く。ＲＥＲのＣ線が並行して川側に地下鉄として走っている。歩道からは眼下に線路が見え、時々走る電車の屋根が見える。パリの地下鉄は場所によっては地上を走る。

９月の終わりとはいえ真夏の様相である。パリの緯度は北緯48度、札幌でさえ43度である。パリの旅行を決めてからネットで毎日気候をしらべていた。昼間が20℃以下で、朝はかなり冷える、そんな気候と解していた。ところがパリ滞在中は日本の真夏と同じくらいで、昼間は毎日30℃近くで、夏装束でないと過ごせない異常気象であった。

セーヌ川は川幅が２００メートルくらい。川面を吹く風は、暑さをいくらかでもやわらげてくれるので散策には心地よい。ジャベル駅から南下すれば終点がベルサイユ宮殿である。ベルサイユ宮殿へアクセスできる唯一の電車である。旅行中に行くことはなかったが、多くの客が利用する重要路線でもある。駅舎はミラボー橋のそばに建っている。近づくと半地下線路なのでホームも見える。駅舎は地上だが線路は少し下方なので、駅舎から階段でホームへ降りるようになっており遠くからでもよく見える。ウオーキングをしながら、上り下り何本も通過する電車を観察することができた。時間間隔は短いようで、それだけ利用率が高いのだろう。

この駅を訪ねたのはわけがあった。次の日にオルセー美術館を見学するので、ここから乗車するため予察の目的があった。ジャベル駅からRERのC線に乗車すれば、乗り換えなしで美術館まで行けるからだ。まだ地下鉄に乗ったことがないので、なんとなく駅へ行って情報収集をしたかった。

ミラボー橋の端に建つ駅舎は、東洋的な建物、そんなに大きくはないが、そっと中に入ってみる。自動券売機が右側においてあり、左側に駅員の執務室がある

が、窓口は締め切ってあり誰もいない様子。お昼時間だからだろうか。なんとなく殺風景である。乗車客もまばらであるが、電車は次から次と停車しては発車していく。

二、地下鉄第1日　オルセー美術館ほか

◆オルセー美術館へ乗り換えなし

オルセー美術館へのアクセスは簡単だ。ジャベル駅からRERのC線を利用すれば乗り換えなしで到着できる。駅も予察しておいた。ホテルからグルネル通りを歩き10分ぐらいで駅へ着く。駅には前日と違って女性の駅員が駐在している。自動券売機は使いにくいので、駅員より直接カルネ（10片切符）を購入した。これだけあれば、いちいち購入の面倒くささもなく、2人で5回分乗車できる。

ジャベル駅から四つ目がオルセー美術館。RER線はメトロに比して車両はきれいで2階席もある。乗客は割と少ないので2階席へ座る。地下鉄といっても半地下だったりトンネルに入ったりするが、セーヌ川に沿って進むので時折川も見える。駅名を停車ごとに確認しながらであったが、美術館がある四つ目のミュゼ・ドルセー駅はあっという間であった。

ミュゼ・ドルセー駅を降りて地上に出て、すぐ右側にオルセー美術館の入り口がある、美術

館の前はアンリ・モンテルラン広場があり、日陰がないので直射日光がきつい。開館は9時30分。9時20分頃に到着したが、もう入館を待つ長い列が続いている。

◆駅舎の面影が残るオルセー美術館

入館料一人8ユーロを払って入場する。元々駅舎だけあってセーヌ川に沿って細長い建物である。入場すると正面の幅が広い階段で地下へ下りるようになっている。かつてのホームであった地階下からは2階までが吹き抜けになっている。展示は吹き抜け部分を除いてまわりが各部屋に分かれていて、1階つまり地上階は展示室はなく地階と中階と2階部分だけである。部屋の数は全部で72室もあり、作品の数が7万9０００点といわれ、それぞれのジャンルごとに分かれて展示されている。

オルセー美術館の建物は元は１９００年のパリ万国博覧会開催に合わせて、建設されたオルセー駅の鉄道駅舎兼ホテルであった。フランス南西部へ向かう長距離列車のターミナルで、地下に10線以上のホームを備えていた。１９３９年に近距離列車専用駅となり、駅施設を大幅に縮小した。

その後、この建物はさまざまな用途に用いられ、１９７０年代からフランス政府によって保存活用策が検討されはじめ、19世紀美術を展示する美術館として生まれ変わった。こうして１９８６年、オルセー美術館が開館した。美術館の中央ホールは地下ホームの吹き抜け構造をそのまま活用している。建物内部には鉄道駅であった面影が随所に残る。現在ではパリの観光名所としてすっかり定着した。

美術館の方針としては、原則として2月革命のあった１８４８年から、第一次世界大戦が勃発した１９１４年までの作品を展示してあり、それ以前の作品はルーブル美術館、以降の作品はポンピドゥー・センターという役割分担がなされている。オルセー美術館では、印象派やポスト印象派など19世紀末パリの前衛芸術のコレクションが世界的に有名である。

9時30分過ぎに入館して午前中だけのつもりだったので、殆ど歩くだけであった。ゆっくり鑑賞したら一日はかかるらしい。はじめに2階から鑑賞したがゴッホの作品が目に入る。人気のある部屋で割と混んでいた。館内は撮影禁止だが、日本人の学生風男性が、まわりを気にしながらゴッホの絵画を近接撮影をしていた。

監視員がいる。学生に対してたぶん、撮影はダメというような注意をしていたが、学生はうなずいてカメラをしまった。しかし監視員が去っていったら、またカメラを取り出して撮影をしていた。監視員はいくつかの部屋を担当して巡回しているらしい。しばらくするとまた監視員がやってきた。あわててカメラを隠すようにしていた。後日、日本でブログをみると、オルセー美術館で個人が撮影した写真を拝見したが、野ばなし状態になっているようだ。

撮影禁止のなかで、吹き抜けが見える回廊では、写真を撮っている姿をどこからでも見かけた。どうやら入り口方向にある大時計が目当ての人が多い。背景に記念写真を撮っている人もいる。大時計はオルセー駅開業の時から付いていたものでターミナル駅オルセーの面影を残しており、この美術館のシンボルでもある。

◆ルーブル美術館を目指してウオーク

11時40分頃、もう外へ出ることにした。外は暑い。日本の夏と同じだ。広場は朝の開館時より人が多い。ミネラルウオーターを売っている若者がいる。値段は1ユーロ、先ほど、すぐそばの売店で買った同じペットボトルのミネラルウオーターが2・4ユーロであった。

また、絵を広げている人も暑い中で売り込みに汗をかいている。

「さあ、これからどこへ行く」と妻に聞く。

「地図をみるとセーヌ川の反対側がルーブル美術館のようだ」

実にぶっつけ本番の旅である。ルーブル美術館へ行くつもりはなかったが、地図を見てはじめて徒歩圏内であることを知った。

「それでは歩いて行ってみよう」

「もうお昼だけれど、どうする？」

先ほどのミネラルウオーターを買った店では、昼食に向いている食べ物はなかった。

「ルーブル美術館の前は広い公園になっているようなので、何か売店があるだろう」

「じゃあ、そこで買って食べることにしよう」


オルセー美術館を出るとアナトール・フランス通りという道路がセーヌ川沿いにある。この道路の歩道を東方向に３００メートル進むと、ロワイヤル橋がある。この橋を渡って少し進むと、前方にルーブル美術館がある。美術館の入り口は右へカルーゼル広場を通り過ぎたところになる。

ルーブル美術館の建物を見て驚いた。すごく大きい。オルセー美術館に比べたら、建物の面積は比べ物にならない。また広場の奥の入場を待つ人の多さにも驚いた。

「あれだけ多いと、とても入場する気にはなれないね」

「ルーブル美術館って、こんなにでっかいんだ！」

建物と人の多さで、簡単に入場をあきらめてしまった。最初の予定はオルセー美術館を見学してからは、一旦ホテルへ帰るつもりでいた。思いつきの行動だったので簡単にあきらめることができた。そして本当にホテルへ帰ることにした。時計を見ると12時半だ。

「帰る前に売店を探して、お昼になにか食べよう」

広場は何処も炎天下である。樹木は殆ど見られないなか、わずかに木の植えてあるエリアを見つけ、そのオアシスの方向に歩いた。やっと売店を見つける。

◆PAULという名のチェーン店

売店の名前はＰＡＵＬ。パウルといえばフランスでは老舗のパン屋さんであり、この名称の売店がチェーン店として方々にある。

お昼時であり、10名ぐらいが店の前で買う順番を待っている。店には、軽食であるが一通りの食べ物が並べられていたようだ。順番がきたので、ピザとパンを買う。飲み物はオルセー美術館前の売店で買った水を使うことにした。

「ハウマッチ？」と店員に聞く。よくフランスでは英語は通じないと言われているが、買い物だけは万国共通である。

「サーティーン」と返ってきた。

「13ユーロ」小銭は妻が持っているので、支払うように合図をする。旅行中はなるべく私がカード決済で、妻は小銭を使う習慣になっている。ユーロのコインはなかなか覚えにくい。コインの種類を覚えるのが面倒くさい。こんな場合、紙幣で支払っておつりをもらうのが楽だ。ところが財布がだんだん膨らんで重くなる。日本でもスーパーマーケットで買い物をするとき、よく1円や5円など小銭がたまることは誰しも経験しており、最近はプリペイドカードが普及して小銭での支払いがクリアされるようになった。

コインといえば、旅行中はベッドメーキングのチップが毎朝2ユーロ要るので、なるべく残しておくようにしている。1ユーロはわかるけれど、小さいコインはとっさに判断ができず使いにくい。
妻は財布を開いて、紙幣で15ユーロを払う。お釣りは財布にしっかりと入れ、財布をショル

ダーバッグに入れた。ところが財布を目にしたのは、このときが最後であった。

売店の正面に向かって右側に木が茂っている一隅がある。丸テーブルもあるが、全部使われている。そこにはベンチはないがコンクリートの基礎（塀）のようなものがある。そこへ座って昼食をとっている観光客もいる。木があるので鳥が群がって糞があたりに落ちていて注意しないといけない。

◆南京錠に愛を誓う橋

腹ごしらえが出来たところでホテルへ戻ることにした。ロワイヤル橋を渡らないで、オルセー美術館の対岸を通り、別の橋を渡って戻ることにした。テュイルリー通りの歩道は川側にあり並木が続いているので涼しい。距離は３００メートル余り。通りをはさんでテュイルリー庭園がある。

オルセー美術館とテュイルリー庭園を結ぶレオポール・セダール・サンゴール橋は、一風変わっている。自動車は通れない歩道橋。橋の設計を行ったのはマルク・ミムラムという人で１９９７年から１９９９年の間に建設された。セーヌ川を鋼鉄アーチで一跨ぎしていて橋げたがない。両岸の基礎は地下15メートルに達し、１５０トンの重量を支えている。上面がブラジル産の木材で覆われており軽く温かい外観を持っている。橋の長さは106メートル。また橋の途中に木製のベンチが設けられており一休みできるようになっている。

アーチ型の橋も渡ることができ、どちらを選んでもよい。アーチ型を渡る時は地上から下へ降り、渡りきったら階段を使って地上へ昇る。

この橋の欄干は金網が続いている。よく見ると金網に南京錠がたくさんかけてある。永遠の愛を誓った恋人たちがかけていくらしい。ガチャッとかけた後の鍵はどうするのだろう。どうやらセーヌ川に捨てるそうだ。

《南京錠に愛を誓う》というのはパリのこの橋だけではない。ローマのミルヴィオ橋やフィレンツェのヴェッキオ橋もこの犠牲になっているという。

日本でも神戸市街の夜景を一望できる諏訪山公園のヴィーナスブリッジ。ヴィーナス（愛の女神）にあやかってのことらしい、一時は鍵の数が3600個になったとか。さすがに景観を乱す上に、柵の保守作業にも支障をきたしたため、すべて撤去された。結局、展望広場の一部が「ヴィーナステラス」として整備され、鍵かけ用に鉄製のモニュメントが置かれた。どうしても鍵をかけたい人はこちらにどうぞ、ということらしい。

◆観光地のユニセフ詐欺に注意

橋を渡り切る手前で署名運動をしている数名がいる。女子学生のようにも見えるが、そうでない。クリップボードを持ってボールペンを差し出しながら、かなりしつこい。

「ユニセフ・ユニセフ」と言って近づいてくる。

人のいい日本人をターゲットにしているようだ。一旦署名をしたら大変。寄付をせがまれるらしい。サインをしたら寄付を了承したと見なされ、次は「キフ・キフ」と言って強要される。それを拒むと仲間に囲まれ、「サイフ、サイフ」と言って財布の中味を見せさせられるという筋書き。これが署名詐欺の実態。

観光地には多い。こんな場合は無視するに限る。或いは「ノー」と言って強く断る。ノートルダム寺院でもモンマルトルの丘でも主要観光地では必ず見かけた。寄付をしても絶対にユニセフに届くことはない集団詐欺である。

◆乗り間違えてノートルダムへ

ホテルへ戻るつもりが、地下鉄の電車を乗り間違えて反対方向へ進んだ。朝、オルセー美術館へ着いた時は、美術館の前の地下鉄出口であったが、帰ろうと思って入った地下鉄の入り口は道路を挟んだ反対側であった。電車に乗り込んだ時は気づかなかった。動き始めてから間違えたことに気づいた。半地下線路で、時々セーヌ川が見えるので、来たときと同じ方向に走っていることが確実であることから判断できた。

「あっ、間違えた！」

「何を？」

「反対方向に走っている。次はノートルダム寺院だ」

「それならちょうどいい。ノートルダム寺院へ行ってみたら」ということで、間違えてもあわてなかった。

◆パリの歴史が息づくシテ島

サン・ミッシェル・ノートルダム駅を降りるとかなり混雑している。このあたりのセーヌ川は川幅が広い。５００メートルもあるのだ。オルセー美術館付近の川幅にくらべて5倍もある。それにシテ島という中洲がある。

パリ市の歴史はこれらの島を中心に広がっていったそうである。ノートルダム大聖堂を筆頭に、警察庁や裁判所などがあり、その隣には牢獄として使用されていたコンシェルジュリーがある。現在は使われていないが、その昔多くの死刑囚がこの中で刑の執行を待ったといわれる。フランス革命中は多くの王族や、貴族がここに収容された。マリーアントワネットも最後に幽閉された、まさにパリ発祥の地といわれる。

◆ノートルダム大聖堂

大聖堂正面前まで近づくと、観光客が順に入場している。それにつられるように寺院内へ入る。拝観料はいるのだろうか。どうやらフリーらしい。お志のボックスは置いてあった。しかし誰も入れる人はいない。そして撮影禁止のマークも。寺院内は広い。荘厳な賛美歌がスピーカーから聞こえる。前の人に続いて奥へ奥へと進む。とうとう長椅子が並べてある最前列まで進んで腰掛ける。撮影禁止と言っても、カメラのシャッターを切る人もいる。上を向けばステンドグラスがすばらしい。

中央の祭壇では、三つの大きなステンドグラスが見られる。中心のバラ窓を背にして立つ像は幼いキリストを抱く聖母マリアだ。左（北）のバラ窓は紫に輝き、聖母子像を中心にして旧約の預言者や王を配している。一方、右（南）のバラ窓は赤く染まり、世の終わりに現れる黙示録のキリストの周囲に、使徒や聖人たちが集っている。

振り返ると、西のバラ窓に浮かび上がる聖母像に見守られていることに気付く。左右の窓の前にはアダム（左）とイヴ（右）が悄然と立ち尽くしている。

しばらく賛美歌のBGMに浸り、ここまで歩いてきた疲れを癒やす。

◆お粗末なトイレ

オルセー美術館を出てから、ルーブル美術館の広場へ行ったけれど公衆トイレは皆無であった。

「あれだけの観光客がいるのに、トイレがないのに、みんなどうしているんだろう」

と妻は言った。

「それではホテルへ戻ろう」

オルセー美術館ならホテルへ戻るのに、電車に乗っている時間は10分。電車から降りて徒歩で10分だから我慢できる。ところが乗車ホームを間違えて反対方向になってしまった。ノートルダム大寺院や周辺にも公衆トイレはなかった。

あるガイドブックやネットのブログでもパリは公衆トイレがないと書いてある。ガイドブックはレストランへ入る方法があると、書いてあった。

「それならレストランへ入ってコーヒーでも飲むか」

サン・ミッシェル・ノートルダム駅を降りた周辺はレストランや喫茶店が続いていた。足はひとりでに飲食店街へ向かった。どの店へ入ろうかと物色していたが、ほとんどの客が店の前に並べられたテーブルに座っている。外よりも店内へ入ったほうがよいと思い、ようやく店内だけにテーブルが並んだレストランへ入る。店内はかなり混んでいる。ウェイターがコップに入れた水を持ってきたので、テーブルに置いてあったメニューを指差して、コーヒーを注文した。

妻は早速、店内のトイレの場所を聞いた。地下への狭い暗い階段を下りたところがトイレ。ところが店員がくれたコインでないと開かない。用を足して扉をあけると、若い男性が待っていたので、びっくりしたと、妻は言う。男女共用になっていたのだ。

私も少し遅れて、地下のトイレへ行った。階段を下りたところが狭いトイレ。つまり男性の小便器一つと扉つきの大便器が並んでいるだけであり、そこは男女兼用のトイレということになる。日本の一昔前のトイレであった。この界隈ではそこそこのレストランと思って入ったけれどお粗末なトイレであった。コインでないと開かないのは、外部から入って利用する人がいるからだ。トイレも驚いたが、コーヒー代を支払うときにもっとびっくりしたことがおこった。

◆妻の財布紛失？

「さあ、出よう」

現金支払いは、いつも妻がする。伝票を見ると7ユーロ。妻に、

「7ユーロだからチップ加算で8ユーロ」

妻はバッグから財布を出そうとしたが、

「あっ、財布がない」バッグの中を探してみたが無いことは確かだ。

ルーブル美術館前の売店で支払ってから、ここまでの行動を思い出す。確かに売店でお釣りをもらってから、バッグに入れた。その後は財布を使っていない。いろいろ詮索する。最も考えられるのはスリとしか思えない。パリではスリの横行は有名である。ガイドブックでも警告をしているし、ブログでも被害者の体験記が多く載っている。売店でお釣りを財布に入れた直後が怪しい。スリはそれを見てすばやくファスナーを開けて抜き取ったのではないか。あの時、買った食べ物を手に持っていて、肩から掛けていたバッグには注意が届かなかったのでは。スリはそこまで手品師のように心理を読むことができるのであろう。

「それで財布にはどれだけ入っていたのか？」

「3～4ユーロだったと思う」

「日本円は？」

「別のところ。しかし財布にカードが入っていた」

支払いは私の財布から出して店を出る。お金はあきらめられる額であるが、カードはホテルへ着いてから止める手続きをしなければならない。

◆帰路の地下鉄駅で迷う

帰りは地下鉄の電車を乗り違えてはいけない。着いた時は地上へ出るだけだから簡単である。今度乗り込む駅は3線が交差しているからホームへの選択が難しい。上下があるので6択である。私達が乗車するのは、RERのC線、ほかにRERのB線とメトロの4番が交差する。

前に着いた時の出口から入る。C線の出札口方向へ、ところどころの表示を確認しながらなんとかわかった。しかし上り下りがわからない。上り下りはその路線の終着駅名が表示してあるので、それを見て確認するようにガイドブックには書いてある。

そこで地図を広げてC線の終着駅名を調べる。RER（高速郊外鉄道）は距離が長いので途中で分かれたりするから終着駅名は複数である。C線の場合も下車予定のジャベル駅方向はベルサイユ宮殿ともう一つの方向駅に分かれ、C線の反対方向は四つの終着駅がある。二つのホームのうち、どちらかの判定までは頭脳と時間を費やした。

しかしもっと簡単な方法があったのだが気づかなかった。出札口を通る直前に、停車する駅名がずらりと表示してあった。そのなかから目的の駅名があるかを調べればよかったのだ。

ようやく乗車できて安堵した。地下鉄乗車の初体験日。乗車ミスもあったけれど、チャレンジ心を大いに発揮できた。カルネという10枚綴りのチケットも二人で6枚分を使ったが安いものだ。ホテルへ着くと休むまもなく、次の処理が待っていた。

◆紛失カードの無効処理

紛失カードの無効処理をしなければならない。紛失した妻の財布にはユーロのほかにクレジットカード1枚とプリペイドカード1枚、部屋のカードキー1枚が入っていた。現金については小額なのであきらめもつく。プリペイドカードも日本でないと使用できないし、チャージされている金額も、そんなに大きな額ではない。問題はクレジットカード1枚だ。クレジットカードは、拾得した人が使おうと思えば可能である。いち早く止める手続きをしなければならない。

パリへ着いた時ＪＡＬのパリ支店の冊子をもらった。Ａ5判8ページで表紙には、パリ出発日とホテル出発時刻が書いてあり、マークペンでわかりやすく記してある。これだけは忘れてはいけないと思って、ほかは何もみなかった。この冊子をはじめて開いてみる。滞在中の注意が細かく書かれていて、7ページ目にはカード紛失の際の、連絡先が書いてある。

今回紛失した妻のクレジットカードはＶＩＳＡで、私の本会員に対して妻のは家族会員カード。冊子には《クレジットカード盗難紛失時の連絡先　日本語対応》と書いてある。紛失連絡先は００８００－９１０－９３４なので部屋から電話してみる。うまく通じない。それでフロントで尋ねることにした。

フロントでは簡単な用件なら英語で済ませられるが、かなり複雑さが要求されそうなので日本人のスタッフを呼んでもらった。女性スタッフがあらわれた。

「実は妻が財布を紛失したので、どうしたらよいか相談したいのです」

「財布の中に何が入っていたのですか？」

「お金はユーロだけで少額ですが、クレジットカードが1枚入っていたので、止めたいのです」

「それは大変でしたね。人の集まるところはスリがいると考えても間違いありません」と係。

「現地旅行社からもらった冊子に連絡先が書いてありましたが、部屋から電話しても通じないので、しらべていただけませんか？」と。

女性スタッフは、パンフの連絡先へ電話をしたが、番号が違うとのこと。冊子の連絡先もいいかげんであった。そこでホテルが把握しているVISAの連絡先00800−90203３へ電話をしてもらう。カードの番号も控えてなかったのでだめ。

本会員の私のカード番号からたどっていくより仕方がない。結局、日本のカード会社へ生年月日などの直接の問答で私たちの本人確認をとってもらい、カード決済の無効処理が可能となった。

「日本のミズノさんという方から15分たっても連絡がなければ、それでOKです」

女性スタッフに礼を言い、部屋へ戻る。15分たっても電話がなく、ようやく一応のケリがついた。帰国してから、クレジットカードとプリペイドカードの再発行手続きをしなければならない。部屋のカードキーはユーロで弁償するだけで終わった。

三、地下鉄第2日　凱旋門とブローニュの森

◆凱旋門へのアクセス

朝、快晴。凱旋門へ行くことにする。ホテルから凱旋門へ行くのに、最もわかりやすいのはメトロの6号線に乗る方法だ。もちろん乗り換えはない。乗り場はビラゲム駅と言いジャベル駅へ行くのとは反対方向で距離は変わらない。この駅は地上駅である。セーヌ川の近くにあり、凱旋門方向に向かって発車すると鉄橋を渡る。そのため鉄橋の高さに合わせたホームである。昨日乗ったRERのC線と交差するが、高低差があるので乗換駅としては構造的には無理である。

カルネのチケットが2回分あるので、凱旋門往復分はある。上下別々のホームなので行き先を間違えないようにしなければならない。メトロ6番の終着駅は正式名はシャルル・ド・ゴール・エトワール駅（Charles de Gaulle Etoile）で下車駅でもある。簡単に日本語で言えばエトワール凱旋門駅、もっと簡単に凱旋門駅と勝手に決める。

ビラゲム駅は高架駅なのでエスカレータでホームへ昇る。発車するとすぐ鉄橋を渡る。車窓からのセーヌ川の眺めは抜群である。鉄橋を渡るとパッシー駅。簡単な駅名である。こんな短い駅名ならよいが、パリの駅名は長いのが多い。地図を広げながら停車するごとに駅を確認する。パッシー駅を出ると四つ目が目的の駅だからカウントだけでもよいが、念のためホームへ入るごとに地図と照合する。照合の仕方も、長い駅名は長いスペルをひとつのロゴとしてみたほうが手っ取り早いことがわかってきた。

シャルル・ド・ゴール・エトワール駅に到着すると、乗客はぞろぞろと降りた。ここは四つの線が交差する。乗り換えの乗客も多い。私たちは下車するので出口（Sortie）の表示を見失わないように出口へ向かって進む。帰りはここから乗るつもりだが、四つの路線が交差するので目的のホームを目指すのが心配だ。

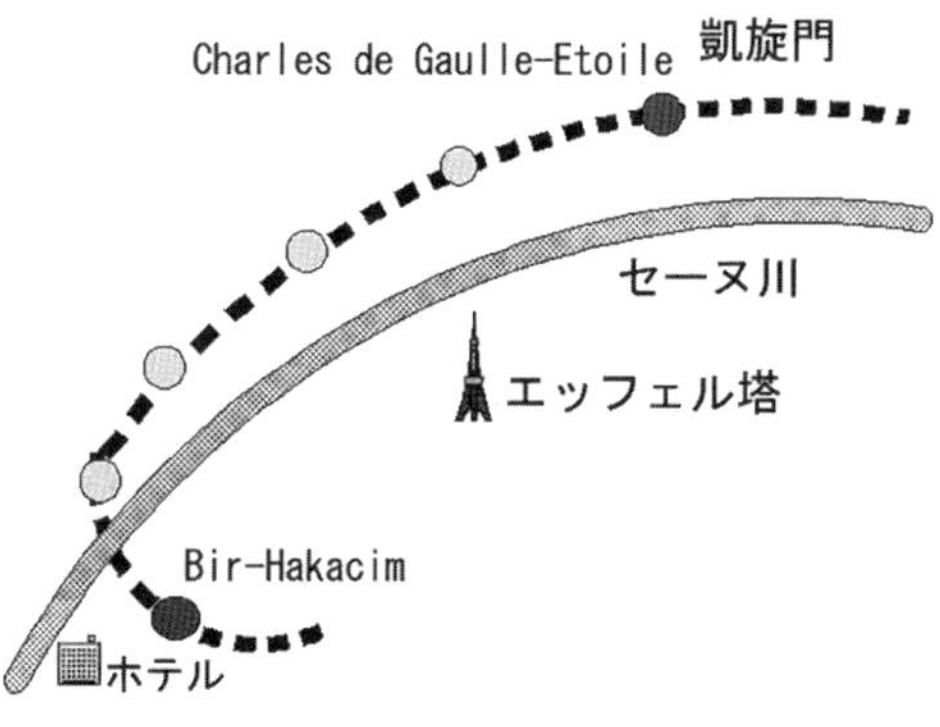

◆シャルル・ド・ゴール広場

ようやくシャルル・ド・ゴール・エトワール駅から地上に出る。凱旋門の周りは大きなロータリーで、その直径が200メートルもある円形のエリア内はシャルル・ド・ゴール広場と言う。ロータリーからは12通りの道路が放射線状に延びていることから、広場の中心をエトワール（星）と見立てたのが凱旋門の語源である。ロータリーは自動車走行の専用で車線のないロータリーを4～5台の自動車が並列で走行している。

地上に出たところが凱旋門の東側、正面に対してやや斜め右側の広場である。午前早い時間のため太陽は門の真正面に照りつけていて、写真撮影にはもってこいの自然光といえる。

凱旋門の周りには人影も見える。何処から行けばよいのか。横断歩道はない。きっと地下道があるはずだ。あるとすれば凱旋門の正面の広場に出入口があるのではと、真正面に見えるところへ移動する。観光客が一番多い広場だ。自動車が地響きするくらいの騒音で走っていて、隣同士の会話も消されやすい。

この広場に凱旋門へ通じる地下道を発見した。地下道を100メートル歩き、地上へ出ると凱旋門の真下である。あらためて見上げる。シャルル・ド・ゴール広場の中央にどっしりと構える門は、まさに《栄光パリの歴史を静かに見守り続けてきた凱旋門》と呼ぶのにふさわしい威厳を感じる。高さ50メートル、横幅45メートルである。展望台へも行けるが、順番待ちが多いのであきらめる。

◆エトワール凱旋門の歴史

凱旋門の建設のきっかけとなったのは、1805年に勃発したアウステルリッツの戦いだ。フランス軍は自分たちの2倍の規模をもつ連合軍を迎え、皇帝ナポレオンの指揮のもと、劣勢からの奇跡的大勝利だった。予想をくつがえす勝利の記念としてナポレオンは、当時5本の大通りが集まっていた広場に大凱旋門の建設を命じる。しかし、工事は遅々として進まなかった。ナポレオン失脚後、王政復古までの4年間、工事は中断し、1836年にようやく完成を見た。この完成を待たずに亡くなったナポレオンは、死後19年経った1840年、イギリスより返還された棺に入って帰国し、やっと門をくぐることができた。

1854年、ナポレオン3世統治下でパリの都市改造が行われ、エトワールに新たに7本の大通りが開設され、凱旋門とエトワール（シャルル・ド・ゴール）広場は現在の姿になった。

1920年には、第一次世界大戦中に倒れた身元不明の戦死者の一人が、150万人を超える戦死した兵士の代表として凱旋門直下に葬られた。それ以降、凱旋門は、祖国フランスのために命を捧げたすべての人々の共通の記念碑となった。

記念碑の地下には数多くの戦士が眠っており、厳粛な雰囲気を湛えている。献花も絶えない。

◆横断歩道も長いシャンゼリゼ通り

凱旋門から再び地下道を通り、元の広場へ戻る。広場の横がシャンゼリゼ通りだが、道幅は12の道路のなかでも最も広いようだ。それだけ自動車の走行数も多い。

「この横断歩道を渡って反対側の広場へ行き、シャンゼリゼ通りを少し散策しよう」

「そんなに遠くまで行かないで、少しだけ歩いて引き返そう」

横断歩道が長いので、途中で赤信号になる可能性もある。そのため分離帯の位置が横断中一時的に待機できるようになっている。こんなに長い横断歩道はあまりみたことがない。

凱旋門からコンコルド広場にいたる全長1880メートルの一直線の大通り。16世紀までは野原と沼地しかなかった場所を、17世紀の中頃に整備したのは、ヴェルサイユの造園で知られる庭園師ル・ノートル。18世紀初頭に「シャンゼリゼ」と命名された。ギリシア神話の楽園から名を取ったエリゼの野が名前の由来。

マロニエとプラタナスの並木、緩やかな勾配をもつ広い舗道の両側には、ブティックやカフェが軒を並べる。ファストフード店や大型ショップなどが建ち並ぶようになったとはいえ、優雅さはまったく失われていない。

散策もそこそこにしてホテルへ戻ることにした。

「地下鉄で戻るか？」

「路線が四つあるので乗るまでが複雑そうだな」

「じゃ、歩いて戻る方法はどうだろう」

「途中でエッフェル塔の見学も出来るから」

地図を広げて見ると、凱旋門からエッフェル塔まで2キロメートル弱。これくらいなら徒歩圏内である。昨日はもっと長い距離を歩いた。

「それでは歩いてエッフェル塔まで行ってみよう」

本来、旅行も歩くのが好きだ。バスの車窓から見物するよりも楽しく新しい発見がある。

◆閑散としたイエナ通り

シャンゼリゼ通りの隣がマルソー通りと言い、次の通りがイエナ通りで、ここを通ってエッフェル塔まで歩くことにした。

この通りに入るとシャンゼリゼ通りに比べて人はまばらで、自動車もそんなに通らない。まさに裏通りで閑散としている。私達がエッフェル塔へ向かって歩き始める左端の歩道、と言っても狭い。建物は商店ではなく、ビルが建っているだけ。狭い歩道の右側が自動車2台分止まれる道路幅が続いて、その右にプラタナスの街路樹が続いている。街路樹が植えてあるところは路面より一段高くなっているが歩道かどうか、幅がせまいのでよくわからない。街路樹の右側にバイクが道路に直角に並んでいる。バイクは駐車が出来るような線が引いてある。しかしバイクに交じって小型の自動車が駐車している。その右側が2車線の車道である。道路の反対右側も同様の状況である。

建築物と街路樹の間は自動車が2列縦列ですきまなく駐車している。地元の人がこの界隈へ来た時、駐車場として使っているのではないか。

「たくさん自動車が駐車している」

「駐車違反でないのかなあ」

「有料駐車場も商店の駐車場も見たことがなかった」

「ここしか駐車する場所はないのだろう」

「ずっと街路樹が続いて木陰で直射日光も受けないので駐車場としてもってこいだ」

と言いながら歩いていると、順番に駐車違反を調べている人がいる。

警官なのか、委託された民間人か定かでないが、自動車のナンバーを控えながら自動車のワイパーに印刷物（警告書？）を挟んでいる。

ちらっとカメラを向けると、視線が合い、その人は私たちの方を見て、にやりと笑った。ごくろうさんという代わりに、私たちもにっこり笑って通り過ぎた。

暑い日なので散策にはふさわしい木陰だ。

◆妻がひったくりにあった小公園

イエナ通りの違法駐車が続く狭い歩道をゆっくりと歩く。250メートルほど歩いたところに三角形の小公園があった。ここにベンチがあったので一休みする。

妻が財布を盗られた（経緯は秘）場所を、後日グーグルマップで調べてわかったが、三角形の底辺が道路側に面して、その長さが50メートルある。更にわかったことは、道路が凱旋門から放射状に出ているので、周辺の建物の区画の形は正確な長方形ブロックはない。三角形や台形のような形ばかりで、そのため横の連絡道路は直角ではなく、斜めにイエナ通りに接している。半端の空き地があったので小公園として造られたのだろう。次の大きな交差点まで、こんな形の公園はなかった。

グーグルマップはストリートビューという便利な機能がある。特定地点（今は日本各地でも）をパノラマ写真で、或いは徒歩目線でバーチャル見学が出来る。旅行前の事前調査や旅行後の思い出の場所の回想など旅行記資料として活用ができる。

イエナ通りの、こんな地点を見られるとは想定していなかったので驚いたり嬉しくなったり。それにしても二度の財布災難に、妻はパリの印象を悪くしたようだ。

◆はじめてタクシー利用

ぶらぶら歩いていたらエッフェル塔が真正面に見えるセーヌ川の《Pont d'léna》橋まで来た。橋を渡ると目の前はエッフェル塔が聳える。はじめ塔へ登るつもりでいたが人の多さにあきらめることにした。しかし朝ホテルを出てからトイレを使用することがなかった。パリは公衆トイレがないことでも有名である。凱旋門周辺にもなかった。エッフェル塔周辺はあるかと思っていたが、そんな場所は見当たらない。

それでは、ホテルへ帰ろう。ホテルまでは歩いても行ける距離だが、一刻も急ぎたいと思い、橋の付近で客待ちしているタクシーに飛び乗った。タクシーは金銭トラブルがよくあるので、あまり好きでないが止むを得ない。ドライバーにホテルの名前を告げる。しかし通じないので地図を出して指をさしたらやっとわかった。

走行メーターを見る。基本料金2・30ユーロで発車する。セーヌ川に沿って一本道でタクシーではあっという距離だ。目的地に到着するとメーターは4・20ユーロ。それではチップを含めて6ユーロでいいだろう。1ユーロ紙幣6枚を渡す。ドライバーは怪訝な顔をして不満そうだ。メモに8と書いて見せた。8ユーロ欲しいということ。ここで交渉の時間はない。一刻も早くタクシーを離れたかったので、追加2枚渡して下車した。

タクシーのメーター料金も後でわかったが最低料金が決められていて、近距離でメーター料金が少なくても6・20ユーロと決められている。それで6ユーロでは不足。チップを加算して切り上げで8ユーロとなる料金システムなのだ。なるほど！

◆モノプリはマーケットのチェーン店

午後の行動はホテルの部屋で一休みした後決めることにした。

ホテルの近くにスーパーマーケットがある。なんでも旅行社の話ではパリでは大きい方だと言う。MONOPRIX（通称モノプリ）といい、パリではチェーン店。旅行期間中は毎日のように利用した。モノプリは道路を使って行くと回り道だが、ホテルの裏口からマーケットまではすぐ隣だ。マーケットの2階、これも裏口だが、ここから入る。2階は化粧品や衣料品が並んでおり、1階が食料品である。食料品は生鮮食料はもちろん、何でも揃っているようだ。パンは種類が多い。アルコール飲料はワインが多く並べてあり種類の多さに選択は困難。ただ日本のアルコール飲料は拝見しなかったが、わずかに日本製缶ビールを見た日もあった。野菜、果物は計り売り。

部屋で昼食をとることにしたので、モノプリへ行き、パンと飲み物を調達することにした。ここのレジのシステムが日本と違っていた。日本のつもりで、かごに入れた品をレジの台に置くとベルトコンベアが常に動いており、すーっと移動していく。レジの係が品物だけをベルトコンベアの上に置いて、カゴは足元のところに積み重ねて欲しいと、手まねで示した。前の人の動作を見ていなかったので知らなかった。レジ係がカゴの中から出す手数を省くためだろう。フランスのレジではカゴからいちいち商品を出す必要がある。面倒だけど仕方ない。ベルトコンベアの上に品物が止まった状態で、料金が計算される。支払った後はビニールの袋をもらい、その場で自分で袋へ入れる、という仕組み。

日本の消費税にあたる付加価値税は、食料品や衣料品などには5・5%の税金がかかっており、価格表示はこの税金込みとなっている。

部屋で簡単な昼食の後、バッタンキュー。いつの間にか寝てしまった。

◆ブローニュの森へ行ってみよう

目が覚めると、もう午後4時だ。妻も昼寝をしたが、もう目を覚ましていた。妻は、

「これからどうする？」

「もう時間がかなり過ぎたな」

「ホテルにいても仕方がない」

「じゃあ、どこへ行こうかな？」

午後4時といっても、日の暮れるのは午後9時ごろだ。パリへ着いたときから、朝がなかなか明けず、日暮れは遅い。パリは日本に比べて、ずっと緯度が高い。いわゆる白夜ではないが、季節によっては緯度が高いほど日照時間が長いわけだ。それにしても札幌より緯度が高いのに9月終わりで30℃近くとは異常気象なのか。

行き先については、前から考えていた候補地はいくつかある。短い時間で行けるところといえばブローニュの森だ。

「ブローニュの森へ行ってみよう」と言うと妻は、

「ブローニュの森でOK」と。

時刻が遅いので検討する時間もなく、さっと行き先が決まった。ブローニュの森は面積が広い。ホテルから徒歩でもエリアの一部へは行ける。もちろん地下鉄を利用することにした。

地下鉄駅は、ホテルのそばのセーヌ川にかかっているグルネル橋を渡り、右へ少し歩いたところにアベニュデュプレジダンケネディ駅がある。RERのC線である。C線といえば、昨日オルセー美術館へ行ったとき乗車した電車。しかし途中で分岐しており、ノートルダム寺院からホテルへ戻るのにジャベル駅のつもりであったが、途中で鉄橋を渡ったので渡り切った駅で、あわてて降りた駅であった。ホテルへ戻るのにアベニュデュプレジダンケネディ駅から歩いて帰ったので道順は覚えている。

「地下鉄で乗る駅は、昨日降りた駅だ」

「なんだそうか、それでは駅まではそんな時間はかからないね」

「そう、ジャベル駅と同じくらいの距離か」

昨日、帰りに再び乗車をミスったことは、かえってこの日の行動に役立つことになった。アベニュデュプレジダンケネディ駅も地上駅である。これもセーヌ川を電車が鉄橋を渡った所だから当然だ。

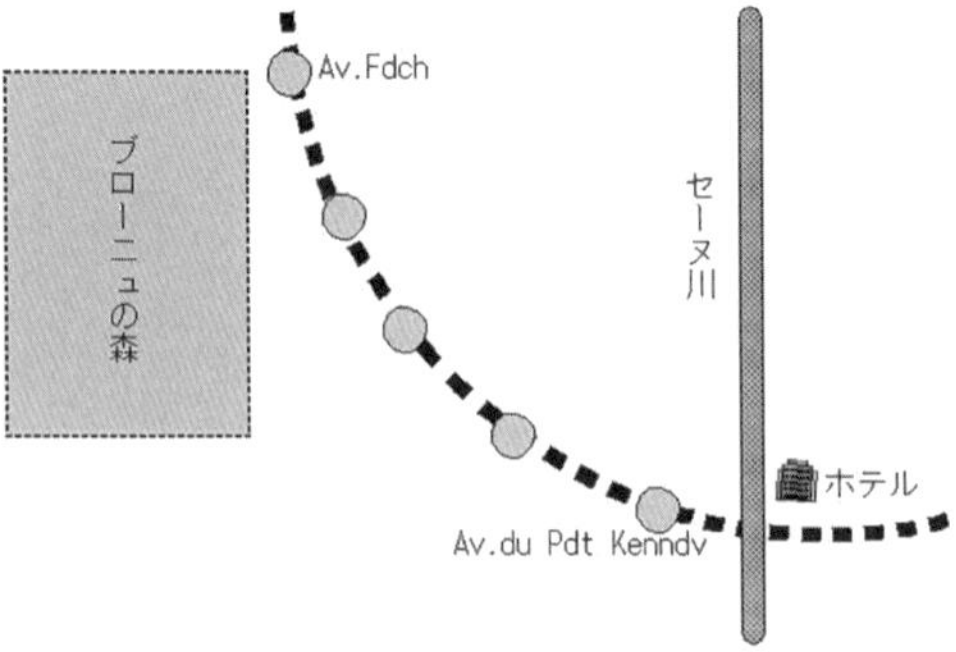

地上駅だからホテルを出て橋を渡る時にも目的の駅がよく見えるので、歩く順路もはっきり

している。

ブローニュの森へのアクセスも簡単だ。アベニュデュプレジダンケネディ駅で乗車した後は、四つ目のアベニュフォッシュ駅で下車すれば、ブローニュの森の入り口は近い。

午前、凱旋門からホテルへ帰る時、地下鉄を利用しなかったので、切符が1回分余っている。帰る時の切符は、乗車駅で買っておこう。どうせ買うならカルネだ。カルネは10枚まとめてなので二人で5回分ある。明日も地下鉄を使う予定なので、まとめ買いをしておいた方が楽だ。ついでにカルネについて説明すると、チケット10枚をまとめて買えば、14ユーロ、1枚ずつでは10枚で17・5ユーロだから、かなり得になる。

なおカルネは2019年11月1日より、16・9ユーロに値上がりした。

アベニュデュプレジダンケネディ駅は地上駅だから、自然光で明るく、プラットホームも広い。駅を発車すると、念のため一駅ごとに、地図とホームの表示を確認しながら目的の駅へ向かう。高速郊外地下鉄といっても市内はメトロと同じく近距離間を停車しながら進む。四つ目の駅までは、そんなに時間はかからなかった。

◆静寂なブローニュの森散策

アベニュフォッシュ駅で下車する。

ブローニュの森は、森というのにふさわしく広大な土地で面積は846万平方メートルにも及ぶ。といってもピンとこないので、東京ディズニーランドの敷地面積51万平方メートルと比べてみれば想像できる。ざっと17倍。とても一日では回りきれるものではない。ましてや夕方からの散策である。全体像がわからなくても仕方がない。

森は閑散としている。道路は舗装をしてなく手入れもしていないようだが、雑草がないのは日当たりが悪いせいだろう。周りの樹木も伸び放題のようで僅かに木の葉に秋の訪れを醸している。あまりにも広すぎるから手入れが行き届かないようだ。

パリ市民の身近な憩いの場というのだが、人にはあまり出会わない。時折ジョギングやサイクリングの姿を見た。園内に有名なロンシャン競馬場があるせいだろうか、乗馬練習をしている人に出会った。静まり返った森の中で、馬が歩く蹄の音が近づき目の前を遠ざかる音の風景は殺風景な森に一縷の変化を与えている。

園内には、フランス国立民族民芸博物館、子供遊園地、シェイクスピア庭園、オートゥイユ庭園、バガテル庭園があり、バガテル・バラ園には約一万本のバラが植えられているそうである。もっと南方向へ歩けば行けるのだがあきらめた。

この森は貴族の狩場などとして使われていたが、14~15世紀の百年戦争の期間は、焼き討ちや強盗によって森は荒廃していた。ルイ11世の時代に、再度の植林や道路の開通といった整備がなされた。フランソワ1世がこの森にシャトー・マドリッドを建設してから、ブローニュの森は祭りなどに用いられるようになった。19世紀中頃、ナポレオン3世が、ミズナラの茂っていたブローニュの森に、より多種多様な植物を栽培し、乗馬コース、自転車道路、ロンシャン競馬場や滝で結ばれた二つの人工池等を整備した、といわれる。

僅かの時間といえブローニュの森の入り口だけでも浸れたのは癒やしのいっときであった。

◆パリ日本文化会館へ寄る

ブローニュの森に着いた時は遅い時間だったので、森の入り口だけしか散策できなかったが足を留めたという事実は叶えた。それでも1時間30分ぐらいはいたと思う。同じアベニュフォッシュ駅からリターン。早々にホテルへ帰ることにしたが……。発車して間もなく下車する駅を変更した。

RERのC線は、何度も利用したことになり、少しずつ路線図が読めるようになった。降車予定のアベニュデュプレジダンケネディ駅を一つ乗り越してシャンドマルストゥールエッフェル駅で降りることに途中変更した。駅名が長いので、エッフェル塔駅と勝手につける。この駅からホテルまでは徒歩圏内である。エッフェル塔駅へはセーヌ川の鉄橋を渡るので、窓からの眺めをゆっくりと鑑賞できる。昨日はミスって鉄橋を渡ったが、あわてていたのでゆっくり川を眺めることができなかった。

鉄橋は岸に対して斜めに架かって、途中は観光船の乗り場になっている中州に橋げたがある。鉄橋を渡る時間も長いので、それだけ風景を鑑賞できる時間も長い。鉄橋を渡り切るとカーブしながら川に並行に進む。今朝、凱旋門へ行くとき乗ったメトロのビラゲム駅とは近いが乗換駅ではない。

下車して地上に出ると、エッフェル塔が高く聳えている。エッフェル塔を背にグルネル通りをホテルへ向かって歩く。すぐ近くがビラゲム駅のガード下であるが、今朝乗った駅とは思えなく、昨日のような気がする。お昼に一旦ホテルへ帰ったせいだろうか。

しばらく歩くと、パリ日本文化会館がある。偶然目にしたのだが19時まで開館中でありトイレ借用がてらに入館した。入館にはセキュリティチェックや持ち物検査まであった。1階は日本関連書籍・雑誌、及び日本の伝統民芸品などを販売していた。トイレはこの階の奥にあった。午前中エッフェル塔周辺でトイレを探したが、知っていればここを借りればよかった。

日本の国際交流基金（ジャパンファウンデーション）が海外に保有する文化会館の一つであり文化交流施設としては最大級のもの。地上6階、地下5階。敷地面積は約500坪。地下には最大450名収容の可動床式大ホール、1階には約130名収容の小ホール、2階には教室が2室、3階には展示ホール、4～5階には視聴覚室を併設した図書館、屋上階には裏千家より寄贈を受けた茶室《好日庵》がある。各階は18時で閉館していたので見ることはできなかった。

◆JAPAN DAILYという売店

個人行動だと毎食は自分たちで考えなければならない。ホテルの食堂だったり、スーパーマーケットで買ってきたり、街中の食堂だったりする。こと夕食になると、どうするか一番気を遣う。今回宿泊したノボテル・パリ・トゥール・エッフェルでは、ホテル内に三つの食堂があり、内一つは《弁慶》という日本食堂であった。宿泊費には朝食も含まれ、どの食堂を使ってもよいことになっていた。弁慶では朝食を2回利用したが、典型的な日本の朝食であったのはよかった。ただ夕食は1回だけ利用したが、すごく高価であり1回きりでやめることにした。そうなれば夕食は街中で適当な食堂を探さなければならない。

ホテルにモノプリというスーパーマーケットが隣接していて、ほとんど用が足りていたので、近辺の街へはそんなに出なかった。モノプリの前のリノワ通りを少し先へ歩いてみた。リノワ通りはグルネル橋から続いており小繁華街で商店もある。

JAPAN DAILYという看板を見つけた。名前からみて新聞でも売っているのかと思った。近づいてみると漢字とカタカナで《毎日ニホン》と書いてある。JAPAN DAILYなら直訳すれば毎日日本でよい。JAPAN DAILYが店名で毎日日本食を売っている店という意味なのだ。

店内をのぞくと、日本の寿司を売っている。とにかく店に入ってみた。恐らく日本人相手の商売なのだが、それにしても日本語は通じない。ガラスケースのなかには、パッケージされた寿司などが並んでいる。それをトレーに載せてレジへ出せば、金額を計算してくれるというシステムである。もちろんペットボトル飲料もあり日本のコンビニと似ている。

店にメニューのパンフレットがあり、もらってきたので、後日あらためてみた。割と安価と思われる。

一例をあげると（単位はユーロ）、

ちらし　7　握り寿司1個　0・95　太巻き　0・95
枝豆　5　味噌汁（カップ入り）2　焼き鳥1本　2
ご飯　2　焼きそば　3　大皿寿司（盛り合わせ38個）35

この日払った金額は28ユーロ。便利なので、次の夜も利用した。

四、地下鉄第3日　モンマルトルの丘界隈へ

◆先ずエッフェル塔へ

モンマルトルの丘へはどのようなルートを使えばよいのだろう。地図を広げて計画をたてる。はじめに凱旋門へ行った時と同じように、再びビラゲム駅からメトロ6号線に乗車。凱旋門のあるシャルル・ド・ゴール・エトワール駅でメトロ2号線に乗り換える。はじめて乗り換えを使うことになる。更に凱旋門駅からは9駅目アンヴェール駅で下車する。今回は駅の数も多く、複数線交差駅が3カ所ある。ただ下車駅は交差線はない。

アンヴェール駅からモンマルトルの丘へは歩いても行けるが、坂を上らなければならなくケーブルカーを利用することもできる。ケーブルカーは地下鉄切符も使える。ちょうど4回分あるので、全部使い切るためケーブルカーに乗ることにしよう。

どうせビラゲム駅から乗るなら、エッフェル塔の近くへ行ってみよう、ということになった。朝、ホテルを出発する。セーヌ川沿いのグルネル通りは、もう歩き慣れた道路だ。昨日立ち寄ったパリ日本文化会館前から右へ曲がって、エッフェル塔の後ろ側へ出ることにする。地図を頼りに裏道を最短距離を選びながら歩く。こんな時、グーグルマップは役立つ。旅行出発前に必要なところは、プリントアウトして持ってきた。

エッフェル塔の裏側にジャン・ド・マルス公園がある。公園の名称は古代のローマにあったカンプス・マルティウスに因む。以前、この場所が練兵場・閲兵場として利用されていた。

エッフェル塔の反対側にはエコール・ミリテール（陸軍士官学校）が隣接している。1885年を皮切りに、この公園でパリ万国博覧会が何度も行われ、大きなパビリオンが林立した。1991年には、この公園を含むパリのセーヌ川周辺は《パリのセーヌ河岸》として世界遺産に登録された。

公園を横断する道路があり、観光バスが次から次へとやってきてツアー客を降ろす。一番のビューポイントであるここで、ツアー客は写真を撮り合っていたが、私たちも中国人らしい旅行者に写真のシャッターを切ってもらった。幸い雲ひとつない青空に塔が映え順光をいっぱい受けて写真に納まった。

◆車内ミュージシャン

昨日も乗車したメトロ6号線のビラゲム駅へ行く。エッフェル塔からは近い。出札口を通るとすぐ目の前がエスカレータである。まわりをよく見るとエレベータもある。昨日はプラットホームへはエスカレータを使ったが、エレベータに乗ってみる。ガラス張りなので、周辺の景色をよく見ることができる。エレベータを降りるとプラットホーム。

ホームに立って右側を見ると、セーヌ川を渡る鉄橋が見え、電車が近づく。反対側の車両である。私達が乗車するのは左側からやってくる。日本と違って右側通行だから錯覚をおこすが、もう慣れてしまった。ほぼ5分間隔なので、すぐ左側から電車が近づいてきた。

乗車すると、やや混んでいる。すぐセーヌ川の鉄橋を渡る。渡り切るとトンネルに入る。

突然、車内でミュージックが聞こえる。

「誰か歌っているのでは？」

「BGMだよ」

この時はBGMと思っていたが、帰りに6号線で車内ミュージシャンにお目にかかった。

隣の車両からの音だが、ミュージックに聞き耳を立てているひまはない。凱旋門駅が終着なので乗り換えなければならない。それで乗換駅までは昨日と同じく、一つ目、二つ目と停車するごとに確認した。

RERとメトロの車内の様子の違いも少しずつわかってきた。乗車したのは7回目であり、その範囲内だけでしかわからないが、RERは割と綺麗で広く2階席もあったが、メトロは古びた感じで座席も狭い。扉の近くは折りたたみ式の椅子があり、必要に応じて腰かけるようになっている。RERは地上や半地下も多かったようだ。特にセーヌ川沿いC線は、ところどころ窓から景色が見られる。

◆乗換が大変　シャルル・ド・ゴール・エトワール駅

乗客も終着駅に着くまで、どんどん増えて満員の状態になった。到着すると、どっと乗客が降り始めた。ところが降りない客もいる。6号線だけは折り返しのため降りた客の次に、別の客が乗り込むことになる。

1本の線路を降車用ホーム（進行方向左側）と乗車用ホーム（同右側）が挟む形となっている。しかも珍しいのは、そのまま逆方向ではなく、ラケット状のループ線の途中にホームがあるので、車両はぐるりと大回りをして進む。ちょうど凱旋門のロータリーの位置を回って、もとの線路と並行になるという進み方である。地上のロータリーに似せてうまく施設してある。凱旋門駅へ近づくにつれて乗客が混んできた理由も納得できる。降りない客は座席に座ってそのまま反対方向に進むわけだ。

ここは四つの線が交差する。メトロ1号線と6号線のホームは同一面にあり、その下にメトロ2号線、さらにその下にRERのA線のホームがある。

私達は下車すると2号線に乗り換えなければならない。壁面の号線案内を確認しながら進む。途中で下へのエスカレータを見つける。ほとんどの人は同じ階を進んでいる。ということは1

号線への乗り換えか下車であろう。1号線はセーヌ川に並行して東西を結び最も多く利用されているパリの幹線である。

これから乗車する2号線は市内の北側を通り、1号線に次いで利用されている。もちろん同一平面であるが相対式ホーム。だから乗車ホームを間違えないようにしなければならない。ホームへの選択は号線の終着駅が表示してある。2号線はポルト・ドーフィヌ駅（Porte Dauphine）からナシオン駅（Nation）。ポルト・ドーフィヌ駅は昨日のブローニュの森の近く。だから反対の終着駅の《Nation》の文字に注意しながら進む。

目的のホームは混んでいる。やがて入線した地下鉄も混んでいた。

◆アンヴェール駅へ

シャルル・ド・ゴール・エトワール駅で2号線の地下鉄に乗り換えると、かなり混雑している。もちろん立ったままである。吊り革がないので中央にある柱か各座席の後ろの手すりに掴まる。

地下鉄はスリが多いと聞く。周りに注意しながらであるものの、キョロキョロしないで、神経は集中しなければならない。それに降りる駅も見過ごしてはいけない。

シャルル・ド・ゴール・エトワール駅の次はテルヌ駅（Ternes）、次がクールセル駅

（Courcelles）、ここは大使館最寄り駅。続いてモンソー駅（Monceau）、モンソー公園最寄り駅。ヴィリエ駅（Villiers）はメトロ3号線の乗換駅。ここで妻が座席に座ることが出来た。

ローム駅（Rome）はフランス国鉄線との交差部に位置する。駅名は国鉄線の西に並行するローム通りからとったもの。次がプラス・ド・クリシー駅（Place de Clichy）、メトロ13号線に接続する。ここで私も座席に着くことができた。次のブランシュ駅（Blanche）はムーラン・ルージュ最寄り駅で、ここからピガール駅にかけてはパリ最大の歓楽街。ピガール駅（Pigalle）はメトロ12号線と交差する。下車客も多いが乗車客も多い。やっと10番目のアンヴェール駅（Anvers）へ。ビラゲム駅からは14駅目になる。駅名標にはサクレ・クール（Sacre-Coeur）の副駅名がついている。

アンヴェール駅から地上に出る。

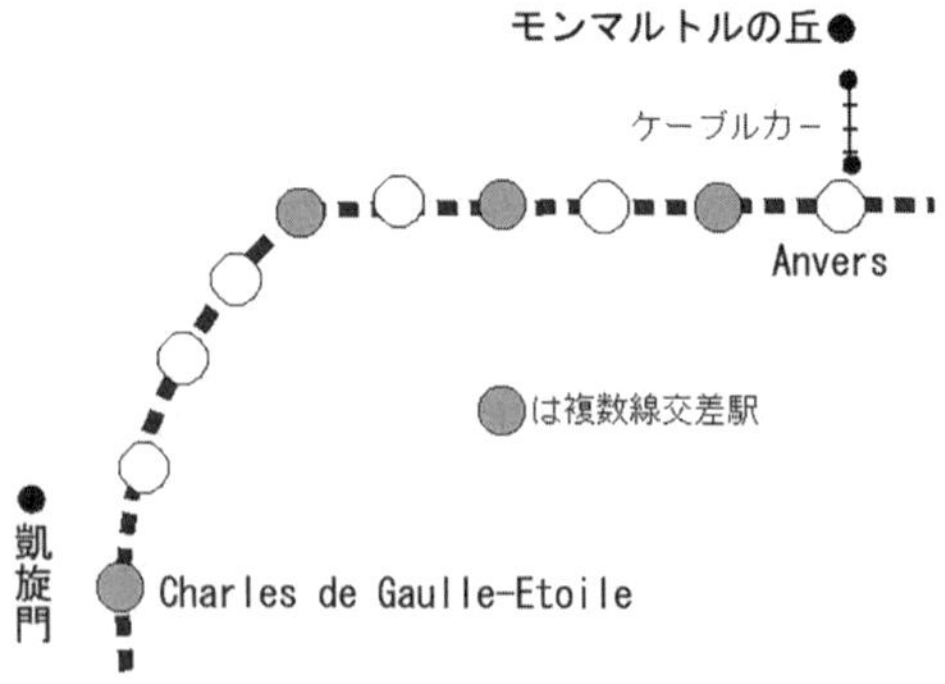

◆モンマルトルの丘をめざして

アンヴェール駅前はモンマルトルの丘へ行く観光客で混雑している。駅前はロシュシュアール通りがあり、道路幅が狭く交通が激しい。少し左へ歩いたところに横断歩道があり、多くの人が信号が変わるのを待っている。

「みんなモンマルトルの丘へ行く人たちばかりだ」

「こんなところはスリがいるかも知れない」

そっと財布の位置に手を当てて確認する。

横断するとモンマルトルの丘へ続く坂道で細い道が200メートル続く。ここは繊維街、いわゆる生地屋がゆるやかな坂道の両側に続いている。小さな店ばかりであるが、所狭しと生地が積み上げられていた。

やがてサンピエール広場へ出る。ここからは丘の上に立つサクレ・クール寺院がよく見える。丘の上へはケーブルカーでも行けるが天候もよいので歩いて行くことにした。休み休み歩いていく。目で見ると近いようだが、なかなか時間もかかるみたいである。地図では直線距離で200メートルだが、近づくにつれて勾配が急になるので方針転換。

「ケーブルカーに乗ろう」と妻が言った。

「ケーブルカーの乗り場からはかなり上に来ているよ」

「乗り場までは少し降りるだけだから」

「そうだ、ケーブルカーに乗ってみるのも体験だから」

乗車券は地下鉄と共通である。どうせ残しても仕方がない。やっと登ってきたのにケーブルカーの乗り場駅へ坂を降りることにした。

ケーブルカーの乗り場へきた。あらためて軌道を見ると坂は急だ。軌道の左側が階段になっていて徒歩でも登ることができる。先ほど歩いたところは遊歩道を迂回しながら登るようになっていたので、そんなに急ではないが、それだけ距離が長い。この階段を使えば手っ取り早いが、降りる人はいても、歩いて登る人は見えない。

ケーブルカーの乗り場へ行く。乗車待ちの客が2列に並んでいる。チケットを通す箇所が2カ所あるからである。ケーブルーカーは定員が決まっているので、その人数が通過すると自動的に出札できなくなるので順番を待たなければならない。

◆フニクラーレはケーブルカーの意

待つ間、駅の中を見回す。上を見ると《FUNICULAIRE》《日本語でフニクラーレ》と大きな看板がめだつ。フランスではケーブルカー駅という意味らしい。よくケーブルカーのことを通称フニクラとも言っているが、歌でフニクリ・フニクラ♪というのがあり、ナポリの火山ケーブルカーのCMソングとして有名であった。これからとったらしい。知らない人でもメロディーを聞けば、ああ あれか、という誰でも聞いたことがある歌である。天井を見ると透明であり、丘の上の終着駅は肉眼でも見える。ケーブルカーの動きもよく見える。

モンマルトルの丘に登るのに歩くのは辛い、という人たちのために最初に作られたのが1900年。1935年に電気を使った形となり、1991年にさらにモダンな現在の形になった。

そういえば、このフニクラーレ、結構スリがいるらしい。外の景色に夢中で、バッグの注意がおろそかになるのを彼らは知っている。もちろん、切符なんか買わずに改札のバーをくぐり抜けてケーブルカー待ちの中に消えていく人も見た。

やっと出札口を出て乗車できた。ぎゅうぎゅうづめである。スリに注意しながら写真を撮る。途中で反対側のケーブルカーと交差する。乗っている人は少ないようだ。

丘の上へはあっという間、ゲートを出る。あたりは観光客で大混雑だ。

◆石像が動いた

モンマルトルの丘へ来るには私たちのようにケーブルカーや直接徒歩で登ってくるほかに自動車でも行ける。ケーブルカー到着駅と同じ高さの教会の前の道路は自動車も通っている。

サクレ・クール寺院をあらためて眺める。白く輝く教会は丘の上に建って、折からの青空を背景に清楚な姿を醸している。ドームの高さが82メートル、奥行きが100メートルあり、まさに丘の上から威容と重厚さでパリ市内を見下ろしている。私たちもパリ市内を俯瞰してみた。遠くかすんではいるが、絶景のビューポイントである。歴史を感じさせる石造りの町並み、その中から顔をのぞかせる高層ビル、ここからは、「歴史あるパリ」と「進化を続けるパリ」の両方が手に取るようにわかる。

サクレ・クールの真正面に階段があり、その入り口の両側に白い石造が立っている。

妻が突然叫んだ。

「あっ、動いている」

私も妻が指を指す方向を見てびっくりした。石像が手を動かしている。

「あっ、本当だ。なんだ！　人間じゃないか」私も思わず大きな声を出してしまった。

動かないと、ほんとうに石像だと思うだろう。それだけメーキャップと言おうか、顔や手には何か白いものを塗っていた。塗ることもなのだが、動かないでじっとしているのも重労働であろう。とっさにカメラを向けると、人間石像は私を見てポーズをとってくれた。妻に、

「おまえも記念写真を撮ってもらったらどうだ」

言い終わらないうちに、妻は石像の近くへ行き、私のカメラを指さし写真をいっしょに撮ってほしいという仕草をした。石像はわかったとばかり、ポーズをとってくれたので、シャッターを切った。

人間石像は、別のところでも拝見した。テルトル広場へ行く途中の細い坂道を歩いているとき白い石像があった。妻が、

「あっ、また白い石像！」

「今度は本当の石像だよ」

「ちょっと触ってみたら」

「いや……」

すでに人間石像を見た後なのに、今度の石像は人間と思えなかった。50センチ近くまで寄ってみた。

「今度は本当の石像だよ」

「触ってみれば」

触ればいっぺんに解決できるのだが、そんな勇気はな

かった。本当に人間だったら大変失礼である。

こんな会話を人間石像の前でしているのだから、日本語なので意味はわからないかも知れないが、おかしかったであろう。それだけ精巧にメーキャップをしていた。この場は解決できないまま通り過ぎた。

後で戻ってきた時に、同じ場所に石像は見えなかった。

「あれ、いないよ」

「はあー、やっぱり人間だったのだ」

「お昼時で休憩に戻ったのだろう」

人間石像でよかったけれど、旅行中は絶対騙されないように注意をはらわなければならない、と思った。

◆パリの中の小さな村

小高い丘がひとつの地区になったモンマルトルは「パリの中の小さな村」とも言われる。この丘には、一番の見どころであるサクレ・クール寺院を除けば、目立ったモニュメントがあるわけではない。それなのに多くの人たちを惹き付けるのは、ノスタルジックな風景のせいだろうか。聖堂へと続く長い石段、狭く入り組んだ路地。どこを切り取っても絵や写真になるモンマルトルは、あてもなく散策するのにぴったりの場所である。

画家たちを育んだ丘は19世紀末から20世紀初めにかけて、パリ中心街に比べて家賃が安く、多くの画家たちが移り住んだ。ルノワール、ロートレック、ピカソ、モディリアーニ、ユトリロ、ゴッホらは、モンマルトルを愛し、その風景を描いた。

時は過ぎ、モンマルトルが芸術の拠点だった時代は終わった。現在のテルトル広場には、みやげ用の絵売りや似顔絵描き、それに食べ物の屋台が多い。50メートル四方の区画の中でぎっしりと詰まっている。それを取り巻くように道があり飲食店が並んでいる。

ちょうどお昼時で食べ物の店を物色する。観光客が多いのでどの店もいっぱいである。道路沿いに並べたテーブルで昼食をとっている。テルトル広場は混んでいるのであきらめる。

◆ようやく軽食

ケーブルカーの乗り場へ来た。ちょうど右側にお土産店のようなしゃれた建物があった。2階建てであり《PANORAMIQUE》と大きく書かれてあった。店の名前と思ったが、後で考えると展望台の意味だったかも知れない。

その建物の前にテーブルが数個並んでいて客が食事中である。どうやら店の中に売っているものを買ってきて店の前で食べるらしい。家族連れやカップルで全部の席が埋まっていたが、

ちょうど一つのテーブルが空いた。妻がさっと座って、

「店の中に何か売っていないか見てきて。場所をとっているから」

二つ並んだ入り口の上には、左側にフランス語でお土産、右側にファストフードと表示してある。二つある入り口はどちらからでもよいわけだが、なかはそんなに混んでいない。

「じゃあ見てくるから場所を頼むよ」と、私が一人で店内に入る。やはりお土産を売る小奇麗な店で、なかに軽食と飲み物を売っているコーナーがあった。数名が順番についている。すでに作ってあるハンバーガーと小さなピザや飲み物を注文した。紙皿2枚とプラスチックのフォークもついてきた。早速食べ始めるが風があり紙袋が飛ばされそうで時折手で押さえながらである。

どうにか昼食を済ませることができ空腹が満たされた。ケーブルカーで降りるつもりでいたが、もう少し散策することにした。それに公衆トイレが見当たらない。この店内にないかと先ほど見回したが、無いようだ。パリの観光地では公衆トイレは皆無に近いが、そんな場合は資料館などが手っ取り早い。妻が、

「モンマルトル博物館があるからそこへ行ってみよう」と言った。

再び地図を頼りに石畳みのゆるやかな坂道を歩く。

◆歴史を残すモンマルトル博物館

通りに面した小さな建物が博物館への入り口。どう見ても博物館らしくない。入り口は狭いけれど、足を踏み入れた先に広がるのは別世界。庭はきれいに手入れしてあり、季節の花が咲きほこっていた。左側にベンチがあり歩いてきた後であり、しばらく腰を下ろして休み庭を眺める。

庭の奥まったところに博物館が建っている。博物館といっても、昔の住居を使ったもので、モンマルトルの丘では現存する最も古い建物。これだけでも資料としての価値はある。

博物館の入場券売り場は狭い。ギフトショップのレジといっしょになっている。ここで入場料二人で16ユーロを払って中へ入る。入場券は館の名称《MUSEE DE MONTMARTRE》と、領収証を兼ねて《TARIF PLETN2×8.00EU》と印刷してあり二人分まとめて1枚である。

館内全体のガイドに相当するパンフレットはないようだ。地下の階を含めて4フロアーあり、下から順に見るようにと案内される。旧建物をそのまま使っているアンチックな建物でエレベータがあるわけでもなく、上下の移動は狭い階段を利用しなければならない。

17世紀にはモリエール一座の俳優ロジモンの別荘だった。その後、19世紀から20世紀にかけて、多くのアーティストが移り住んだ経緯がある。ルノワールはそのうちの最も有名な画家のひとりで、1876年にこの場所にアトリエを構えた。

その後カフェとなり、ルノワール、ユトリロなど、モンマルトルを代表する画家たちがアトリエや住まいに利用した。そんな歴史を物語る日用雑貨や手紙類などが館内に多く展示されている。なかでもモンマルトルの娯楽文化に関するコレクションはたいへん多い。

展示内容は雑木林、採石場、風車のあった昔の《モンマルトルの風景》、《サクレ・クール寺院の建設の歴史》、ムーラン・ルージュに代表される《キャバレーの全盛》、そして《ボヘミアンの芸術家たちについて》と、四つにわかれモンマルトルの歴史がわかるように展示してある。

◆使用済み電車チケットでミス

モンマルトル博物館を出て、ケーブルカーの駅へ戻ってきた。ケーブルカーを降りた時も、相変わらずユニセフ寄付詐欺のグループがたむろしていてしつこい。一度サインしたら寄付を強要される。勿論ユニセフへ届くはずはない。手を横に振りながら出札口へ進む。

シャツのポケットにしまい込んであったチケットを取り出して挿入しようとする。ところが受け付けない。エラーになる。

「しまった。使用済みだ」

実は使用前のチケットをシャツのポケットの中へ入れておいたが、ケーブルカーを降りた時うっかり使用済みのチケットと、いっしょにしてしまった。使ったものは新旧混同しないで、捨てるのが鉄則なのはよくわかっていたはずだが、うっかりいっしょにしてしまった。目で見て見分ける方法はない。日本の電車なら回収してくれるけれど、そこまではシステム化していないから。

後ろに待っている客もいるので、ちょっとパニックになる。改札は2カ所あるので、妻はさっさと通ってしまった。

「どうしたのや?」妻がこちらを見て心配そうである。

「使用済みのチケットだったので駄目なのや。次は大丈夫だから」

ようやく残った未使用チケットを挿入して通過することができた。

◆ハイテク公衆トイレ発見

これまで公衆トイレを一度も見なかったが遂に発見した。ケーブルカーを降りたところにあった。

パリの旅行者にとって観光地のトイレ不足は切実な問題である。ブログで多くの方の体験や警告を眼にする。以前は公衆トイレがあったが現在は閉鎖されている。凱旋門の周辺の広場でも地下へ通じる公衆トイレの残骸を見た。閉鎖して立ち入り禁止になってバリケードがしてあった。パリではトイレでの犯罪や衛生面での問題が生じてか、昔タイプの公衆トイレはすべて閉鎖されたのだ。『地球の歩き方』によれば、パリのトイレ事情として次の記述がある。『日本では清潔で無料のトイレがあちこちにあるが、パリではちょっと様子が違う。すべて無料というわけではなく有料が多い。カフェやレストランのトイレを客が使うときはおおむね無料だが、コインを入れてドアを開けるタイプもある（これは経験済みだ）。トイレだけを借りる人が入店しないためだという。デパートなどでは出口にチップの皿が置いてあったり、駅では女性が徴収している場合も……』とあり日本とは随分状況が違う。

ところが最近は新しいタイプの公衆トイレが設置されるようになった。ケーブルカーを降りるまでは旅行中に一度も見かけなかったが遂に発見した。ケーブルカーの下駅の前はちょっとした広場になっていて、ひょいと見ると変わった建物の前に人が並んでいる。

「あの建物は何かね？」と妻が言った。よく見ると形が楕円筒型である。物置のようでもありトイレのようでもある。

「ひょっとするとトイレでは」ひとりでに、その方向へ向かって歩き出した。

「トイレなら入り口がない」

「入り口が閉まっていて、いま誰かが入っているのだよ」

博物館で用を足した後だから利用しなくてもよいが、妻が、

「入ってみよう」と言った。ちょっと珍しさや好奇心もあったので、

「じゃ、順番についてみよう」

と、私が列の最後に妻はその後へ。先に私が調べるためだ。前に並んでいる人の動作を観察する。入るときは大きなボタンスイッチを押せばドアが開くことはわかった。トイレから出る時はたぶんスイッチがあって、それを押せば開くのだろう、と、これくらいの予備情報しかない。いよいよ前の人が出て順番が来た。早速、ドアを開けようと思い、前の大きなスイッチを押す。しかし開かない。何回押しても開かない。こんなことを続けていたら、妻の後ろで待っていたフランス人が、「グリーン」と言って緑のランプを指差した。そして指をパッと広げる仕草をしてくれた。つまり緑のランプが点灯しないとドアは開けることができないという意味であった。私はわかったと頷いた。

四つのランプが並んでいる。左から緑、黄、青、赤の順に並んでいる。今は赤で待機をしていて欲しいということ。この時は『ざあー』という水を流す音と『ガターン』という音がいっしょになって聞こえる。つまり便器の洗浄や備品の収

納の音のようだ。やがて緑のランプが点灯する。恐る恐るスイッチを押す。

入ると自動的にドアは閉まる。内部は広く清潔である。正面左側に手洗いが、右側に便器がある。便器は1回ごとに収納されて洗浄される。床面も洗われるようである。右側壁面はトイレットペーパーが収納してある。

妻と交代した後、四つのランプをあらためて見た。全自動ユニットトイレの進行を示すものである。フランス語以外に英語で併記してある。

◎緑は《VACANT》で、飛行機のトイレでも見る使用可の意味
◎次の黄が《OCCUPIED》で使用中
◎青が《WASH CYCLE》で洗浄中
◎赤が待機《OUT OF ORDER》

また別の表示ではイラストで次の三つが描かれている。

◎子どもは親子同伴で使用
◎トイレ内は禁煙

◎20分以内で使用

と表示してあった。

この全自動公衆トイレは、サニゼット（路上トイレ）と言われ、パリ観光局公式サイトによれば現在は市内に430カ所設置してあり、その配置地図も示してある。

妻が出てきた。

「写真を撮って欲しい」と妻が言った。これまでトイレの前で写真を撮るなんてことはなかった。よほどハイテクトイレに感動したらしい。日本には公衆トイレが溢れているといっても、ここまで進化したのは見たことがない。妻はもうトイレの前に立っている。ほかの人がにが笑いしていたので急いでシャッターを切った。

◆車内スリに充分注意を

ホテルまでの地下鉄は逆のコース。アンヴェール駅からメトロ2号線でシャルル・ド・ゴール・エトワール駅へ、6号線に乗り換えてビラゲム駅まで、ここから徒歩でホテルへ帰るコース。最後に1回分の乗車券が残り、今度の乗車で一人当たり10回分を使い切ることになる。

ケーブル駅からアンヴェール駅までは、来たときと同じ道を歩く。下りの坂道なので足はひとりでに動いて行くようだ。
アンヴェール駅の帰りのホームは大変な混雑のようであった。モンマルトルの丘からの帰りの客も大勢いる。満員であるが乗り込む。これまで乗ったうちの最高の混みようである。スリには要注意である。しっかりとバッグを手で押さえ、ポケットへも神経を注意する。乗換駅では、乗客の入れ替えも激しい。乗客の顔を直接見ないでも空気を通してまわりに神経を集中する。

パリの治安についてのネットでの記述も多い。あるパリ在住の日本人女性のブログから抜粋してみる。

『治安は正直よくありません。長年生活していても、いつもピンと緊張の糸を張っており、悲しいことに、もうそれに慣れてしまって、今ではパリジェンヌらしくパリを闊歩しています。パリジェンヌが姿勢もよく、自信あるように見えるのは、そうしないと危ないからなのです。
日本で報道されたかわかりませんが、フランス西部の都市で店員のバイトをしていた日本人女性が、帰路の途中バイクのひったくりに遭い、ひきずられ打ち所がわるく亡くなってしまいました。実は、この手の暴力的なひったくりが多発しているのです。

昨年知り合いの家族が初めてパリにきて、彼らの子供のリクエストで最初にディズニーランドに行ったら、どこかの行列で現金20万円（日本円）を盗まれたそうです。初日にスリにあい、すっかり落ち込んでいました。

気をつけなければいけない場所は、

◎電車の中、プラットホーム。
◎子供のスリ（特に東欧系）も多いので油断大敵です。
◎デパート、レストランでのバッグの位置。常にバッグを手前に持ち眼を離さない。
◎モンマルトルのサクレ・クール寺院、画家が沢山いるテアトル広場など、子どものあどけないスリも多いので要注意です。

パリは危ない、と言えばどこも危なくなって、気楽に旅行を楽しめませんが、いつもいつも緊張することもありません。ただ人の集まる場所では、周囲3メートル内に人がいる場合は常に注意の目を向けていることです』

今回の旅行で妻もイエナ通りで苦い経験があったので特に記述しておきたい。

◆地下鉄ミュージシャン

シャルル・ド・ゴール・エトワール駅で乗り換え。たとえ乗り越しても終点のポルトドーフィヌ駅はブローニュの森に近い。そこからなら昨日利用した地下鉄で帰ることもできる。

そんなことを思い巡らしているとシャルル・ド・ゴール・エトワール駅へ、2号線のメトロが到着した。乗客も多く降りた。シャルル・ド・ゴール・エトワール駅は四つの路線が交差しており、しかも6号線はループ状になっていて、他の線とは離れている。それぞれの客は下車か三つの路線への乗り換えで4択である。前の人につられないように進まなければならない。

私たちは6号線への乗り換えである。モンマルトルへ行く時と逆のルートをたどればよいのだが、かなり迷路であったから忘れてしまった。簡単に逆コースとはいかなかった。それでも標識を頼りに目的のホームに達することが出来たのは、少しは地下鉄利用に慣れたせいであろう。


6号線のホームを見つける。2号線とは雲泥の差。乗客は殆ど乗っていない。電車が動き始めると、車内に恰幅のよい男性がキャスター付きの荷物を引っぱって入ってきた。見るとアンプである。車内の中央でドアを背にポールのそばに立ち、音楽を鳴らし始めた。

車両の走る音も消されるくらい大きく響く。マイクを使って唄いはじめた。日本でも一時期よくはやっていた歌だ。《オー・シャンゼリゼ》という題名。いまは日本ではあまり聞かないが、以前はシャンソン歌手の誰もが歌っていた。『オー・シャンゼリゼ……』とリズミカルな響きが印象に残っている。

フランス語で歌詞の意味はわからないが、『オー・シャンゼリゼ』のところはよくわかる。軽快なリズムに乗って電車の音とゆれにもぴったりだ。

彼は私たちが座っている方を見て歌ってくれた。リズムに合わせて手拍子を添える。メロディを口ずさみながら、「オー・シャンゼリゼ……」と、彼の歌声に合わせた。


1曲終わると、アンプは置いたままで、帽子を持って車内を回り始めた。

進行方向後方に座っていた私のところから徴収がはじまった。どれだけ出せばよいかわからなかったので、とっさに1ユーロを帽子に入れた。にこっ、と会釈した。

前方の乗客の方へも帽子を持って歩いていき、いったんアンプのところまで戻り、前の車両へ移動していった。

今回のパリ旅行は、出入り7日の旅行期間のうち3日間は徹底して地下鉄で移動しながら市内観光地を回った。ぶっつけ本番の市内巡りは目前に迫る課題を解決しながら緊張感と期待感で進むことに旅の醍醐味があった。地下鉄を利用したといっても体験程度でしかない。それでも達成感・充実感いっぱいであった。

地下鉄についてはグーグルマップが路線図も詳しいので事前知識として大いに参考になった。しかし駅名がフランス語で長い駅名もあり違和感があった。書き下ろし終わり頃からウィキペディア百科事典にメトロ全線の駅名の日本語表示が出ていた。またgoo地図がパリの地下鉄全駅名を日本語表記していたので嬉しくなった。もっと早く調べておけばよかった。

紀行文作成に参考になったのがグーグルのストリートビュー。見学地の追想で写真や動画記録でも気づかない事を補足してくれた。パソコン画面で見るストリートビューは再び現地に運んでくれる。バーチャルリアリティ（擬似空間）としてタイムスリップできることがよくわかった。

◆執筆を終えて　感染症と渡航

10年越しに原稿が完成したが、いま新型コロナウイルスの感染症で、世界中の人たちが戦々恐々として不安な日々を過ごしている。国内では《3密》《Go To. . .》《新しい生活様式》などの新語も生まれ、感染をさけるための日常生活も一変した。海外入出港も観光旅行は制限されている。

私たちの海外旅行は未知の土地で右往左往の連続であったが、平穏な時期で存分に楽しむことができた。

ニューカレドニアでは日本との歴史的関わりを知った。グアムの横井ケーブは後世に伝えたい遺産を目の当たりにした。ニューヨークでは世界一の巨大都市を実感、パリでは地下鉄で巡る初体験を。しかし2都市とも新型ウイルス感染は甚大のようである。こんな時勢だから再びニューヨークやパリを訪れる計画は諦めるしかない。

近未来、新型コロナウイルス感染症が収束した時、シニアの皆さんが海外旅行を計画される時の参考になれば幸甚と思う。

（令和二年十月）

岡野　重和（おかの　しげかず）

石川県在住。金沢大学教育学部卒業。公立高等学校教員（物理）。定年退職後、専門学校講師（情報処理）、公民館館長・県公民館連合会副会長、日本アマチュア無線連盟理事、市選挙管理委員会委員、こども園理事を歴任。

趣味：アマチュア無線、ビデオ撮影編集、旅行。
著書：『北陸ハム物語』『躍動　石川のハム』『二人催行旅日記』『ビデオが好きな仲間たち』

ぶらっと海外ふたり旅

2020年11月28日　初版第1刷発行

著　者　岡野重和
発行者　中田典昭
発行所　東京図書出版
発行発売　株式会社 リフレ出版
〒113-0021　東京都文京区本駒込 3-10-4
電話 (03)3823-9171　FAX 0120-41-8080
印　刷　株式会社 ブレイン

© Shigekazu Okano
ISBN978-4-86641-363-1 C0095
Printed in Japan 2020
本書のコピー、スキャン、デジタル化等の無断複製は著作権法上での例外を除き禁じられています。本書を代行業者等の第三者に依頼してスキャンやデジタル化することは、たとえ個人や家庭内での利用であっても著作権法上認められておりません。

落丁・乱丁はお取替えいたします。
ご意見、ご感想をお寄せ下さい。